混合动力汽车维护与诊断

主 编 王 蓉 陶 忠

副主编 陈 正 戚文革

北京理工大学出版社
BEIJING INSTITUTE OF TECHNOLOGY PRESS

内 容 提 要

本书从维护与诊断的角度介绍了混合动力汽车的分类、组成、结构原理等相关内容。首先对混合动力汽车的分类及结构原理做了综述性的介绍。然后依次介绍了混合动力汽车驱动系统维护与诊断、混合动力汽车动力蓄电池供电系统维护与诊断、插电式混合动力汽车充电系统维护与诊断、混合动力汽车空调系统维护与诊断和混合动力汽车电动助力转向系统维护与诊断。本书中,作者不但详细解析了混合动力汽车的结构原理,还设置了实训任务,采用理论结合实际的方法,增强学习效果。

本书配套开发了视频、试题及答案、任务工单等丰富的学习资源,内容丰富,方便学习和使用。

图书在版编目(CIP)数据

混合动力汽车维护与诊断 / 王蓉,陶忠主编 . -- 北京 : 北京理工大学出版社,2023.5

ISBN 978-7-5763-2361-0

Ⅰ.①混… Ⅱ.①王… ②陶… Ⅲ.①混合动力汽车 – 车辆修理②混合动力汽车 – 故障诊断 Ⅳ.①U469.707

中国国家版本馆 CIP 数据核字(2023)第 081787 号

出版发行 /	北京理工大学出版社有限责任公司	
社　　址 /	北京市海淀区中关村南大街 5 号	
邮　　编 /	100081	
电　　话 /	(010)68914775(总编室)	
	(010)82562903(教材售后服务热线)	
	(010)68944723(其他图书服务热线)	
网　　址 /	http://www.bitpress.com.cn	
经　　销 /	全国各地新华书店	
印　　刷 /	定州市新华印刷有限公司	
开　　本 /	889 毫米 ×1194 毫米　1/16	
印　　张 /	14.5	责任编辑 / 张鑫星
字　　数 /	345 千字	文案编辑 / 张鑫星
版　　次 /	2023 年 5 月第 1 版　2023 年 5 月第 1 次印刷	责任校对 / 周瑞红
定　　价 /	79.00 元	责任印制 / 边心超

图书出现印装质量问题,请拨打售后服务热线,本社负责调换

20 世纪 90 年代以来，随着世界汽车工业的发展，汽车的保有量迅猛增长，因此对石油资源的消耗越来越大，更严重的是排放废气造成环境污染。目前，石油资源供应日益短缺，而且汽车尾气排放已成为大气的主要污染源之一。为了改善这种状况，世界各国逐年限制汽车的排放标准，要求汽车生产厂家开发无污染或低污染的汽车，以减少汽车的排放和对石油资源的消耗。长期来看，采用电池储能技术的纯电力驱动方式将是未来新能源汽车的主要技术方向。纯电动汽车由于受到储能电池性能的局限，存在续航里程短、充电困难等缺点，近几年我国在电动汽车的推广中反响平平。在汽车电池技术还不成熟的当下，混合动力汽车是一个兼顾驾驶性能与减少排放的折中方案。目前，加快混合动力汽车产业发展已经成为世界共识，也是我国汽车行业努力的目标。2020 年，中国汽车工程学会发布了《节能与新能源汽车技术路线图 2.0》。其中指出，到 2035 年，国内销售的新车中，节能汽车和新能源汽车五五开，其中的节能汽车主要指的是传统的混合动力汽车。

在这样的前景下，既懂得传统燃油汽车技术，又懂得电驱动技术的复合型人才需求缺口大，人才的培养滞后，不能满足混合动力汽车的发展需求，急待相关技术技能人才。为了促进我国混合动力汽车产业的发展；为了使混合动力汽车相关专业的学生和行业内的从业人员，能够全面、系统地获取混合动力汽车的种类、结构、工作原理等知识，掌握混合动力汽车维护与诊断的技能，北京和绪科技有限公司携手混合动力汽车技术专家与教育专家、学者，共同开发了这本"混合动力汽车维护与诊断"。

本书的内容新颖，采用图文结合的形式展示内容，通俗易懂。为了方便学习，除了纸质书，编者还开发了视频、试题及答案、任务工单等数字化学习资源。在纸质书中，关键知识点位置配有二维码，学习人员可使用手机扫码，使用数字化学习资源。

　　本书由王蓉、陶忠任主编，陈正、戚文革任副主编，参加编写的还有乔亚军、郑威、林海翔、秦涛、赵莹、刘娟娟、戚志刚、徐明明、林淏爽、张保国、宋伟涛、王高见。

　　本书在编写过程中，得到了许多专家与同行的大力支持，也引用了一些网上资料和图片以及参阅了大量的文献资料，在此一并表示感谢。

　　由于编者水平有限，书中难免有不当或疏漏之处，恳请读者批评指正。

编　者

目录

绪　论 ·· 1

模块一　混合动力汽车介绍 ·························· 3

模块二　混合动力汽车动力系统结构介绍 ············ 15

项目一　混合动力汽车驱动系统维护与诊断 ·········· 20

任务一　混合动力汽车驱动系统结构分析与维护 ······ 22

任务二　发动机控制系统的诊断 ···················· 47

任务三　BSG 电机控制系统的诊断 ·················· 61

任务四　驱动电机控制系统的诊断 ·················· 74

任务五　自动变速器控制系统的诊断 ················ 86

项目二　混合动力汽车动力蓄电池供电系统维护与诊断 ·· 97

任务一　动力蓄电池供电系统结构分析与维护 ········ 99

任务二　动力蓄电池供电系统的诊断 ················ 115

项目三　插电式混合动力汽车充电系统维护与诊断 ···· 134

任务一　充电系统结构分析与维护 ·················· 135

任务二　充电系统的诊断 ·························· 147

项目四　混合动力汽车空调系统维护与诊断 ················· 158

　　任务一　混合动力汽车空调系统结构分析与维护 ··············· 159

　　任务二　混合动力汽车空调系统的诊断 ·················· 183

||||||||||||||||||||||||||||||||||||||||||||||||||||||||||||||||||||||||||

项目五　混合动力汽车电动助力转向系统维护与诊断 ········· 207

　　任务一　混合动力汽车电动助力转向系统结构分析与维护 ·········· 208

　　任务二　混合动力汽车电动助力转向系统的诊断 ·············· 217

||||||||||||||||||||||||||||||||||||||||||||||||||||||||||||||||||||||||||

参考文献 ·················· 226

绪　论

　　全世界大量汽车的应用，引发了严重的环境问题和能源问题。因此，各个国家开始大力发展节能汽车和新能源汽车，用于减少或替代传统汽车的使用。从长远看，新能源汽车必将是未来的发展目标，但是从传统的汽车燃料能源技术发展到理想的汽车新能源技术，必然要经过一个相当长的过渡时期。当前，新能源汽车还处于多元化发展过程中，比较常见的新能源汽车有电动汽车和燃料电池汽车。这两种新能源汽车因为蓄电池的能量密度低、寿命较短、充电困难、价格较高等原因，严重限制了它们的发展。而能够节省大量能源的混合动力汽车很好地弥补了电动汽车的缺点，因此混合动力汽车进入了蓬勃发展的时期。现在世界上的知名汽车厂商，如奥迪、丰田、通用等，都推出了自己的混合动力车型，如图 0-1 所示。

（a）　　　　　　　　　　　（b）　　　　　　　　　　　（c）

图 0-1　知名混合动力车型
（a）奥迪；（b）丰田；（c）通用

　　目前，我国也在不遗余力地促进混合动力汽车的发展。由国务院印发的《新能源汽车发展规划（2021—2035 年）》和由工业和信息化部指导、中国汽车工程学会组织修订编制的《节能与新能源技术路线图 2.0》中，明确提出到 2035 年，我国汽车要全面实现电驱动化，其中传统能源汽车将全部转为混合动力汽车，如图0-2所示。我国的混合动力汽车也将进入快速发展期。

	2025年	2030年	2035年
混合动力乘用车油耗	混合动力乘用车油耗 5.3 L/100 km（WLTC）	混合动力乘用车油耗 4.5 L/100 km（WLTC）	混合动力乘用车油耗 4 L/100 km（WLTC）
	混合动力新车占传统能源乘用车的50%~60%	混合动力新车占传统能源乘用车的75%~85%	混合动力新车占传统能源乘用车的100%
总体目标	乘用车(含新能源)油耗 4.6 L/100 km（WLTC）	乘用车(含新能源)油耗 3.2 L/100 km（WLTC）	乘用车(含新能源)油耗 2 L/100 km（WLTC）
	传统能源乘用车油耗 5.6 L/100 km（WLTC）	传统能源乘用车油耗 4.8 L/100 km（WLTC）	传统能源乘用车油耗 4 L/100 km（WLTC）
	货车油耗较2019年降低 8%~10%	货车油耗较2019年降低 10%~15%	货车油耗较2019年降低 15%~20%
	客车油耗较2019年降低 10%~15%	客车油耗较2019年降低 15%~20%	客车油耗较2019年降低 20%~25%

图0-2 《节能与新能源技术路线图2.0》节能汽车路线图

项目目标 →

知识目标

◇ 混合动力汽车的定义。

◇ 混合动力汽车的发展意义。

◇ 混合动力汽车的分类。

◇ 混合动力汽车动力系统结构介绍。

素养目标

◇ 能够遵纪守法、诚实守信，传承中华民族的传统美德。

◇ 能够严于律己、宽以待人，和同学及老师建立良好的关系。

◇ 实践过程中，培养集体意识和团队合作精神，养成规范操作的职业素养。

◇ 培养工匠精神，提升质量意识、安全意识、节能环保意识等职业素养。

◇ 培养个人荣誉感和集体荣誉感，培养劳模精神。

模块一　混合动力汽车介绍

 学习目标

◇ 理解混合动力汽车的定义。

◇ 了解混合动力汽车的发展意义。

◇ 熟悉混合动力汽车的分类。

应知应会

一、混合动力汽车的定义

混合动力汽车（Hybrid Vehicle）的定义是：至少拥有两个车载能量变换器和两个车载能量存储系统的车辆。通常所说的混合动力汽车，指的是油电混合动力汽车（Hybrid Electric Vehicle，HEV），即采用传统的发动机和电动机作为动力的汽车，它的储能装置有燃油箱和动力蓄电池，如图 0-3 所示。

混合动力汽车的原理与踏板式电动自行车类似，既可以使用电力驱动，也可以采用人力驱动，还可以电力和人力同时驱动，如图 0-4 所示。

图 0-3　传统混合动力汽车

图 0-4　踏板式电动自行车

二、混合动力汽车发展的意义

从技术层面上，混合动力汽车已经实现了节约能源和减少排放。混合动力汽车拥有两个动力系统：发动机动力系统和电动力系统，这两个动力系统既可以单独工作，也可以同时工作。它综合了内燃机汽车和电动汽车的优点，并最大限度地克服了它们的缺点。

与传统的燃油汽车相比，混合动力汽车的内燃机能够总是以最佳工况行驶，从而降低燃油消耗和排放；混合动力汽车还会储存车辆的剩余能量，进一步减少了能量的消耗。

与电动汽车相比，混合动力汽车的续航里程延续了传统燃油汽车的特点：续航里程长且能够快速添加燃油。同时混合动力汽车也可以使用纯电动模式工作，实现零排放。通过测试，混合动力汽车相比传统燃油汽车能够节省燃油 10%~40%。对于能够外部充电的插电式混合动力汽车，在电动模式行驶时，更是能够实现燃油消耗和零排放。

从国家层面对汽车发展的要求来讲，我国汽车最终的发展方向是新能源汽车。但是新能源汽车技术还处于发展阶段：关键技术有瓶颈；成本高、价格贵；补充能源困难，因此发展混合动力汽车作为过渡是理想选择。混合动力汽车的技术成熟、性能十分可靠，而且使用方便。燃油汽车的使用者不用改变驾驶习惯，就能够达到显著的节能减排效果，既减少了燃油消耗，又减少了废气的排放。从节能减排和使用方便性来讲，于国于民都是好事。

从价格上讲，混合动力汽车和新能源汽车相比，具有很大优势。新能源汽车比同等的燃油汽车贵一倍以上，需要国家的专项补贴才能够吸引用户购买。而混合动力汽车比燃油汽车的溢价有限，不需要国家额外补贴，用户在使用周期内节省的油费就能够收回差价。从经济效益考虑，购买混合动力汽车也是合算的。此外，还带来节能和环保的双重社会效益。

三、混合动力汽车的分类

混合动力汽车通常按照动力系统连接方式或对电能依赖程度进行分类。

1. 按动力系统连接方式划分

按照动力系统连接方式的不同，混合动力汽车可分为以下几类，如图 0-5 所示：

串联式混合动力汽车（Series Hybrid Electric Vehicle，SHEV）；

并联式混合动力汽车（Parallel Hybrid Electric Vehicle，PHEV）；

混联式混合动力汽车（Series and Parallel Hybrid Electric Vehicle，SPHEV）。

图 0-5　混合动力汽车的驱动方式

（a）串联式混合动力汽车；（b）并联式混合动力汽车；（c）混联式混合动力汽车

三种不同混合动力车型性能比较如表 0-1 所示。

表 0-1　三种不同混合动力车型性能比较

参数	串联式	并联式	混联式
城市行驶燃油经济性	好	较好	好
高速行驶燃油经济性	差	较好	好
排放性能	好	较好	好
成本	低	较低	较低
结构复杂程度	简单	较复杂	复杂
控制系统复杂程度	简单	较复杂	复杂

1）串联式混合动力汽车

串联式混合动力汽车又叫增程式混合动力汽车，它使用驱动电机驱动车辆，发动机只负责发电。

车辆运行时，发动机驱动发电机发电，电能通过逆变器输送到动力蓄电池或驱动电机，由驱动电机驱动车轮行驶，如图 0-6 所示。由于发动机只驱动发电机发电，因此发动机可以一直工作在最佳工况。

图 0-6　串联式混合动力系统的结构

（1）串联式混合动力系统的结构。

如图 0-6 所示，串联式混合动力系统由发动机、发电机、逆变器、驱动电机和动力蓄电池组成。从结构上分析，串联式混合动力系统只有一条驱动线路，即驱动电机驱动车辆，其特点更趋近于纯电动汽车，因此被称为增程式混合动力汽车。

（2）串联式混合动力系统的工作原理。

串联式混合动力系统在行驶时，通常会有以下几种工作方式：

①纯电动模式。

当车辆动力蓄电池的电量充足时，汽车会采用纯电动模式行驶，此时发动机关闭，驱动电机由动力蓄电池供电驱动，如图 0-7 所示。

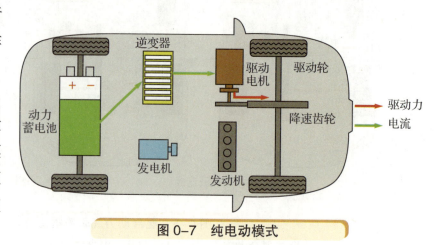

图 0-7　纯电动模式

②增程驱动模式。

发动机起动后，当驱动电机的耗电量与发动机的发电量相同时，此时动力蓄电池既不供电，也不充电，车辆的驱动功率都来源于发动机 – 发电机组，如图 0-8 所示。

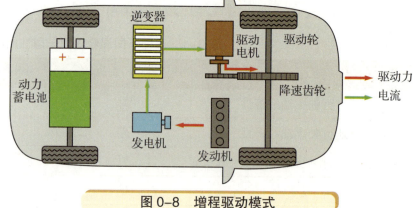

图 0-8　增程驱动模式

③混合驱动模式。

车辆处于上坡或加速等高功率状态时，动力蓄电池和发动机 – 发电机组同时向驱动电机供电，如图 0-9 所示。

④行车充电模式。

当车辆在中低速工况下工作时，此时发电机发出的电量除了能够供给驱动电机工作，剩余的电量还能够给动力蓄电池充电。动力蓄电池的电量充

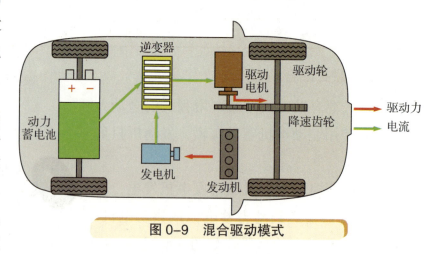

图 0-9　混合驱动模式

足后，发动机将停止运转，转为纯电动模式行驶，如图 0-10 所示。

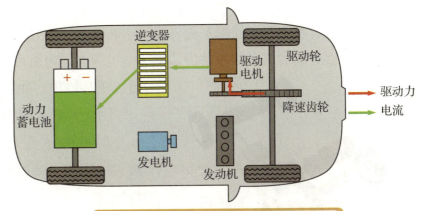

图 0-10　行车充电模式

⑤再生制动模式。

车辆以纯电动模式行驶时，如果车辆减速或制动，车轮拖动驱动电机转动，驱动电机由驱动模式变为发电模式，将车辆的动能转化为电能，给动力蓄电池充电，如图 0-11 所示。

⑥混合充电模式。

发动机运行状态下，车辆减速或制动时，此时发动机 - 发电机组和运行在发电状态的驱动电机共同发电，给动力蓄电池充电，如图 0-12 所示。

⑦停车充电模式。

动力蓄电池处于亏电状态，车辆停车时，此时发动机将继续工作，带动发电机给动力蓄电池充电，如图 0-13 所示。

（3）串联式混合动力系统的应用。

串联式混合动力系统的发动机不用于驱动车辆，只用来发电，可以使发动机始终

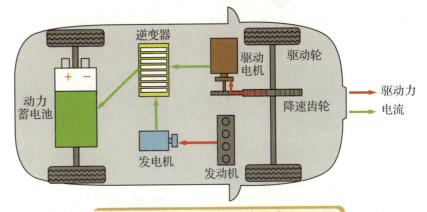

图 0-11　再生制动模式

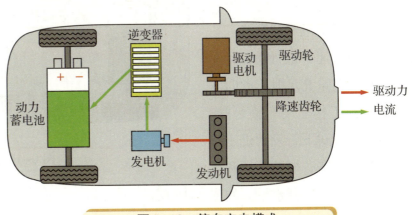

图 0-12　混合充电模式

图 0-13　停车充电模式

在最佳工况附近运转，以提升发动机的效率，降低排放。但是能量经过多次转换损失较大，能量转换的综合效率比内燃机汽车还低。

串联式混合动力系统适用于城市内频繁起步和低速工况，目前这种系统主要应用于城市公交车，在轿车中很少使用，如图 0-14 所示。

图 0-14　混合动力公交车

2）并联式混合动力汽车

并联式混合动力汽车使用发动机和驱动电机两种动力来驱动车轮。

并联式混合动力汽车的发动机和驱动电机两大动力总成的功率既可以互相叠加输出，也可以单独输出，如图 0-15 所示。

（1）并联式混合动力系统的结构。

如图 0-15 所示，并联式混合动力系统由发动机、变速器、动力蓄电池、逆变器、驱动电机等部件组成。

并联式混合动力汽车在行驶过程中，发动机通常处于工作状态，它的驱动电机动力系统主要用于辅助发动机动力系统工作。

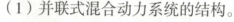
发动机动力流　　驱动电机动力流

图 0-15　并联式混合动力系统的结构

（2）并联式混合动力系统的工作原理。

并联式混合动力系统在行驶时，通常会有以下几种工作方式：

①纯电动模式。

当动力蓄电池电量充足，且车辆处于起步、低速行驶等工况时，发动机熄火，车辆仅使用驱动电机驱动车辆行驶，此时车辆零排放，如图 0-16 所示。

②纯发动机驱动模式。

车辆高速平稳行驶，且动力蓄电池电量充足时，此时发动机单独工作驱动车辆行驶。这种工作模式下，发动机工作在高效率状态，燃油消耗和废气排放都处于较低水平，如图 0-17 所示。

图 0-16　纯电动模式

图 0-17 纯发动机驱动模式

③混合驱动模式。

当车辆在急加速或者爬坡时，为了增加车辆的驱动力，发动机和驱动电机均处于工作状态。这种情况下，车辆的动力性最好，由于驱动电机的加入，发动机依然处在高效率工作区，降低了燃油消耗和废气排放量，如图 0-18 所示。

图 0-18 混合驱动模式

④行车充电模式。

车辆正常行驶时，发动机独自工作驱动车辆行驶，此时如果动力蓄电池处于亏电状态，发动机将输出多余功率带动驱动电机发电，给动力蓄电池充电。这种工作模式下，发动机依然工作在高效率状态，如图 0-19 所示。

图 0-19 行车充电模式

⑤再生制动模式。

车辆减速或制动时，此时发动机停止工作，车轮拖动驱动电机转动，驱动电机进入发电模式，将车辆动能转化为电能给动力蓄电池充电，回收多余的能量，如图 0-20 所示。

图 0-20 再生制动模式

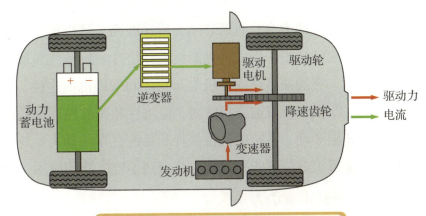

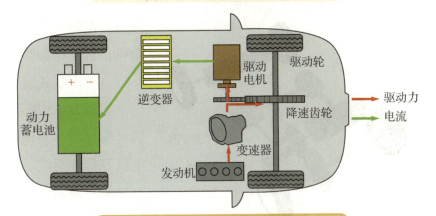

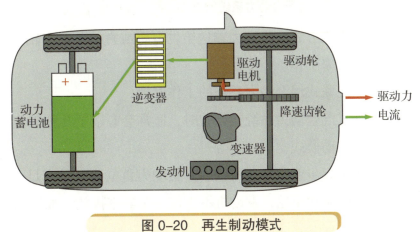

⑥停车充电模式。

车辆在停车状态时，通常会关闭发动机，但是如果动力蓄电池处于严重亏电状态时，车辆会起动发动机，带动驱动电机发电，给动力蓄电池充电，如图0-21所示。

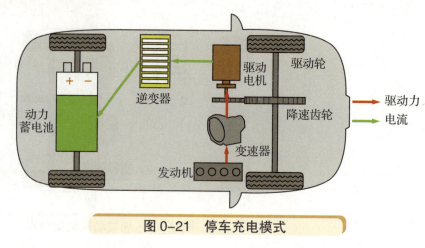

图0-21　停车充电模式

（3）并联式混合动力系统的应用。

并联式混合动力汽车有两套动力传递线路，可以根据不同工况选择不同的驱动方式，避免能量在多次转换中的损失，提高燃油经济性。发动机＋驱动电机的驱动方式，使车辆有良好的动力性。它的缺点是发动机与车轮之间采用机械连接，发动机的工况会受到车辆行驶工况的影响。车辆在城市道路行驶时，经济性和排放性比串联式混合动力系统差。

并联式混合动力系统的机械损耗和传统汽车的动力系统差不多，而且优化了发动机的运行状态，能够很好的节能减排，因此得到了较广泛的应用。

3）混联式混合动力系统

混联式混合动力系统是串联和并联混合动力系统的综合，它完美地结合了两者的结构和特点。混联式混合动力系统既有发电机，也有驱动电机，其结构如图0-22所示。

图0-22　混联式混合动力系统的结构

（1）混联式混合动力系统的结构。

如图0-22所示，混联式混合动力系统由发动机、变速器、发电机、逆变器、动力蓄电池、驱动电机等部件组成。

从上面的学习可以了解，驱动电机在车辆低速行驶时更具有优势；发动机在车辆高速行驶时更能发挥出高效率。混联式混合动力系统通过控制发动机动力的输出方式，将动力输送给发电机或直接驱动车轮，来满足发动机在所有行驶工况下都能够高效率工作。

（2）混联式混合动力系统的工作原理。

混联式混合动力系统在行驶时，通常会有以下几种工作方式：

①纯电动模式。

当车辆起步或中低速行驶，并且动力蓄电池电量充足时，车辆采用纯电动模式行驶，此时驱动电机驱动车轮，发动机不工作，车辆零排放，如图0-23所示。

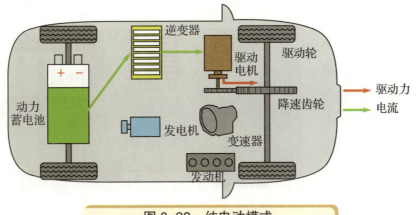

图 0-23 纯电动模式

②纯发动机驱动模式。

车辆高速平稳行驶，并且动力蓄电池电量充足时，此时发动机驱动车辆行驶，驱动电机不工作。这种工作模式下，发动机工作在高效率状态，燃油消耗和废气排放都处于较低水平，如图 0-24 所示。

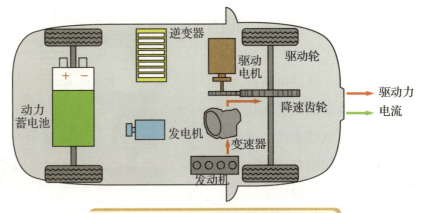

图 0-24 纯发动机驱动模式

③增程驱动模式。

车辆起步或中低速行驶，并且蓄电池电量不足时，发动机起动，带动发电机发电，给驱动电机供电，由驱动电机驱动车辆运转。此时发动机只发电，不驱动车辆，处于高效率运转状态，降低了废气的排放，如图 0-25 所示。

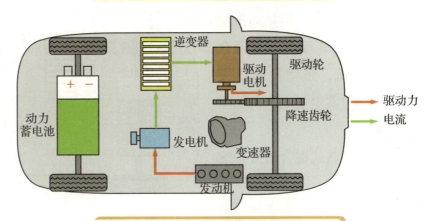

图 0-25 增程驱动模式

④混合驱动模式。

当车辆在急加速或者爬坡时，为了增加车辆的驱动力，发动机和驱动电机均处于工作状态。这种情况下，车辆的动力性最好，由于驱动电机的加入，发动机依然处在高效率工作区，降低了燃油消耗和废气排放量，如图 0-26 所示。

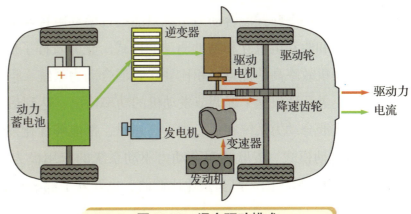

图 0-26 混合驱动模式

⑤行车充电模式。

车辆高速平稳行驶时，发动机高效率运转，如果动力蓄电池处于亏电状态，发动机会将动力分成两路，一路驱动车辆行驶，另一路驱动发电机发电，输送给动力蓄电池，如图0-27所示。

⑥再生制动模式。

车辆减速或制动时，此时发动机停止工作，车轮拖动驱动电机转动，驱动电机进入发电模式，将车辆动能转化为电能给动力蓄电池充电，回收多余的能量，如图0-28所示。

⑦停车充电模式。

车辆处于停车状态时，通常发动机不工作，但是如果动力蓄电池严重亏电，车辆会起动发动机，带动发电机发电，给动力蓄电池充电，如图0-29所示。

（3）混联式混合动力系统的应用。

混联式混合动力系统兼顾了串联和并联式混合动力系

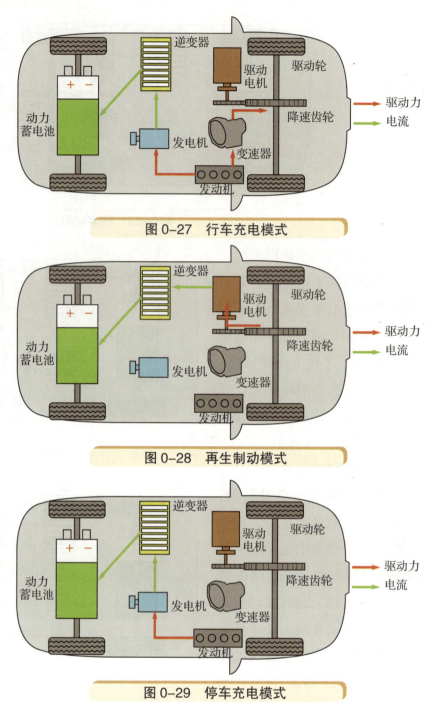

图0-27 行车充电模式

图0-28 再生制动模式

图0-29 停车充电模式

统的优点。相比串联式混合动力系统只能通过驱动电机驱动车辆，混联式混合动力系统能够实现发动机和驱动电机互相辅助驱动的模式。充分发挥了低速时，驱动电机扭矩输出大；高速时，发动机效率高的优点。相比并联式混合动力系统，混联式混合动力系统的结构更加优化，能够更灵活地根据工况调节发动机的功率输出，达到最佳的节能减排效果。

混联式混合动力系统在低、中、高速时，都能够优化发动机的运行工况，是目前最优的混合动力驱动模式。混联式混合动力驱动系统的应用极为广泛，仅丰田一家就已经卖出了450万辆此类车型。国产汽车企业比亚迪，也开发了混联式混合动力系统，应用于多款车型。

2.　按对电能的依赖程度划分

按照对电能的依赖程度不同，混合动力汽车可分为以下几类，如图 0-30 所示：

图 0-30　混合动力汽车

1）微混合动力汽车

微混合也叫起停混合，是电机作为起动电机的混合动力汽车。微混合动力汽车的主要动力源是发动机，电机不为汽车行驶提供持续动力。

微混合动力汽车在行驶过程中，只要车辆停止，发动机就关闭；车辆加速时起动电机辅助驱动，车辆在其他状态，只有发动机驱动车辆，其工况如图 0-31 所示。

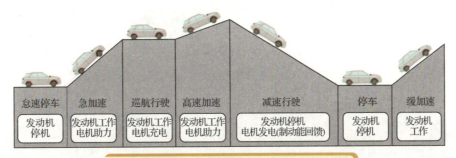

图 0-31　微混合动力汽车工况

微混合动力汽车是对传统汽车的发电机进行了改造，形成带起动、发电功能的电机系统。电机控制发动机的快速起停，取消了发动机的怠速状态，来降低油耗和排放。

微混合动力系统有结构简单、质量轻、成本低的优势。但是，它的电机功率小，只靠电机无法使车辆起步，节油能力不大，节油率在 5%~10%。

2）轻度混合动力汽车

轻度混合动力汽车也称为辅助驱动混合动力汽车。轻度混合动力汽车依旧以发动机作为主要动力，电机作为辅助动力。

与微混合动力系统相比，轻度混合动力系统采用了单独的电机辅助发动机工作。它的电机的功率和动力蓄电池的容量比微混合动力系统的大，电机对车辆的作用增大。其工况如图 0-32 所示。轻度混合动力系统的节油率可以达到 10%~30%。

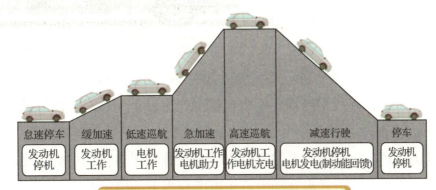

图 0-32　轻度混合动力汽车工况

3）重度混合动力汽车

重度混合动力汽车也称为强混合动力汽车。它通常采用大功率的电机和大容量的动力蓄电池，能够在起步、低速行驶等工况下实现纯电动模式行驶。

重度混合动力系统依旧以发动机为基础动力，驱动电机为辅助动力。但是驱动电机的辅助功能更为强大，电机参与驱动的工况更加多样。重度混合动力汽车在起步和低速行驶状态下不需要起动发动机，直接使用电机驱动；在急加速、爬坡等需要较大驱动力的工况下行驶时，驱动电机和发动机同时对车辆提供动力；因为使用了大功率的电机，制动能量回收的效率也更高。其工况如图 0-33 所示。在城市工况下，重度混合动力系统的节油率可以达到30%~50%。

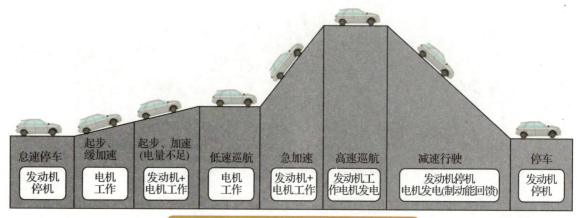

图 0-33　重度混合动力汽车工况

4）插电式混合动力汽车

插电式混合动力汽车可以外接电源给动力蓄电池充电，通过消耗电能达到更好的节油效果。插电式混合动力汽车的结构与传统混合动力汽车相似，有发动机和电机两套动力系统，只是增加了充电系统，如图 0-34 所示。

插电式混合动力汽车的两套动力系统既可以相互独立工作，也可以相互协同工作。在动力蓄电池行驶里程内，插

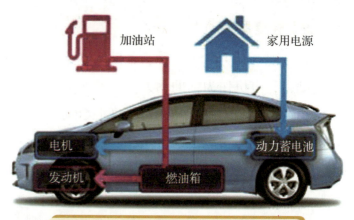

图 0-34　插电式混合动力汽车的结构

电式混合动力汽车可以不使用燃油，采用纯电动模式行驶，只有动力蓄电池电量降到混合动力系统所需的最小水平，才会采用混合动力模式工作。理论上，只要能够及时充电，插电式混合动力汽车可以实现零排放。插电式混合动力汽车有效解决了纯电动汽车的续航里程问题，并将传统动力系统与电力驱动系统结合在一起，弥补了各自的劣势，又将双方的优势最大化。相比纯电动汽车，插电式混合动力汽车更适合当下的情况。

模块二 混合动力汽车动力系统结构介绍 ②

　　混合动力汽车的核心部件是混合动力系统，它的性能直接关系混合动力汽车的整体性能。混合动力系统根据动力传输路线的不同，分为许多不同的种类，它们的结构也有所不同。

　　混合动力系统的类型多种多样，不同车型之间存在很大差异。但是从广义来说，混合动力系统可以分为驱动系统、动力蓄电池供电系统、整车控制模块等部件。对于插电式混合动力汽车，混合动力系统还包含有充电系统。

学习目标

◇ 了解混合动力汽车驱动系统。
◇ 了解混合动力汽车动力蓄电池供电系统。
◇ 了解混合动力汽车充电系统。
◇ 了解混合动力汽车的整车控制模块。

应知应会

一、混合动力汽车驱动系统 》》

　　混合动力汽车的驱动系统一般由发动机、电机及控制器、变速器等部件组成。

1. 发动机

　　混合动力汽车能够省油的关键在于发动机的效率。混合动力汽车的发动机与普通发动机相比，它的整机效率要高很多。与燃油汽车通常使用的奥托循环发动机不同，混合动力汽车使用的发动机是效率更高的米勒循环发动机和阿特金森循环发动机。米勒循环发动机的低速性能和高速性能都很好，既可以用于传统汽车，也可以用于混合动力汽车。阿特金森循环发动机的热效率最好，但是它的低速效率低，一般只用于混合动力汽车。

　　丰田经典混合动力汽车——普锐斯就使用了阿特金森循环发动机，如图0-35所示。这款发动机的热效率达到了41%。

我国自主品牌比亚迪研发的混合动力汽车发动机也采用阿特金森循环发动机,如图0-36所示。其热效率更是达到了43%。

图0-35 普锐斯阿特金森循环发动机

图0-36 比亚迪阿特金森循环发动机

2. 电机及控制器

电机和控制器是实现动力混合驱动的核心元件,有了电机和控制器辅助能力的加入,混合动力系统才能够实现节能减排的基本功能。

1)电机

混合动力汽车上的电机根据功能和安装位置的不同,可分为BSG电机、发电机、驱动电机。

(1)BSG电机。

BSG电机又叫发电/起动一体化电机,它通过皮带与发动机相连,是同时具有起动/发电能力的双功能电机,如图0-37所示。BSG电机主要用于微混合动力系统。

(2)发电机。

发电机通常应用在串联混合动力系统和混联混合动力系统,它的主要功能是起动发动机和发电,如图0-38所示。发电机和发动机之间,通常采用齿轮和花键连接。

图0-37 BSG电机

图0-38 发电机

(3)驱动电机。

驱动电机广泛应用在各种轻度和重度混合动力系统,用于辅助发动机驱动车轮。它是拥有驱动和发电两种能力的双功能电机,如图0-39所示。

按驱动原理的不同,混合动力汽车的电机通常可分为:永磁同步电机和交流异步电机两类,如

图0-39 驱动电机

图 0-40 和 0-41 所示。

图 0-40 永磁同步电机

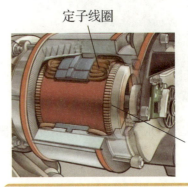

图 0-41 交流异步电机

从表 0-2 可以看出永磁同步电机与交流异步电机相比，在性能方面有很大优势。永磁同步电机在混合动力汽车上应用广泛，国产的混合动力汽车主要使用永磁同步电机。

表 0-2 永磁同步电机和交流异步电机性能对比

分类	转速范围 ($r \cdot min^{-1}$)	功率密度	质量	体积	可靠性	成本
交流异步电机	12 000~20 000	中	中	中	好	低
永磁同步电机	4 000~10 000	高	轻	小	一般	高

2）控制器

控制器又叫变频器（图 0-42），用于控制驱动电机和动力蓄电池之间的电流。变频器的作用是把动力蓄电池的直流电转化为交流电供给驱动电机。变频器通过改变供给交流电的频率和电压，使驱动电机输出不同的转速和转矩。另外变频器还能够将交流电转变为直流电输送给动力蓄电池，进行充电。

图 0-42 控制器

3. 变速器

变速器是汽车的传动系统，处于发动机与车轮的中间，起减速、增扭的作用。

混合动力汽车因驱动系统的多样性，变速器有所不同。混合动力汽车的变速器分为两种，第一种与燃油车的自动变速器类似（图 0-43），用于传递发动机与车轮间的动力；第二种能够适当的分配发动机的驱动力，驱动车辆和发电机，这种变速器又叫动力耦合系统，如图 0-44 所示。

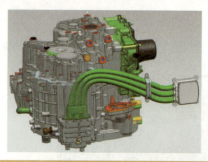 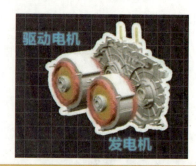

图 0-43　比亚迪 DM3.0 混合动力系统变速器　　图 0-44　比亚迪 DMI 混合动力系统耦合器

二、动力蓄电池供电系统

动力蓄电池供电系统为混合动力汽车提供电能，它具有高密度、高功率输出、质量轻和寿命长等优点，如图 0-45 所示。混合动力汽车根据类型的不同，动力蓄电池供电系统也有差异。例如，不可外接充电式混合动力汽车的动力蓄电池，其体积和容量要小一些；插电式混合动力汽车的动力蓄电池体积和容量更大。

三、充电系统

充电系统是插电式混合动力系统专有的外接充电单元。充电系统不参与混合动力系统的工作，它的作用是将公用电网的交流电转换成直流电，给动力蓄电池补充电能，如图 0-46 所示。

图 0-45　混合动力汽车动力蓄电池　　　　　图 0-46　充电状态

四、整车控制模块

整车控制模块是混合动力汽车的大脑，用于控制车辆的各个系统。混合动力系统在结构上并非一体式控制系统，它通过发动机控制模块控制发动机；通过变速器模块控制变速器；通过电机控制器控制驱动电机和发电机；通过电池管理模块控制动力电池；通过防滑控制模块控制制动系统，等等。整车控制模块通过以上方式控制车辆运行，实现驾驶员的控制要求。

如图 0-47 所示，整车控制模块接收来自传感器和各控制模块（发动机控制模块、变速器模块、电池管理模块、电机驱动模块、防滑控制模块、转向模块）的信息，根据这些信息，计算车辆的运行状态，并将计算结果发送给各模块，控制相应系统工作。

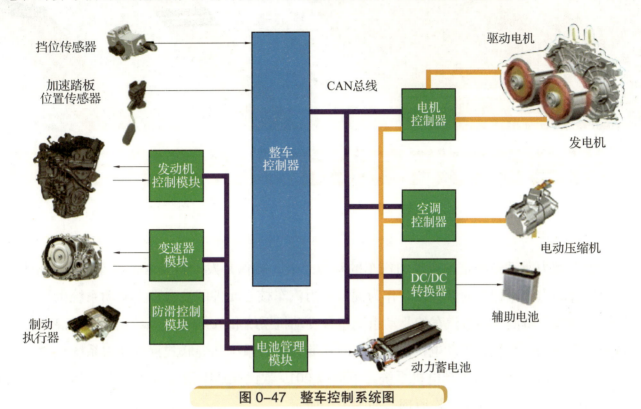

图 0-47 整车控制系统图

整车控制模块的功能是：

（1）监控混合动力系统的运行状态。

（2）监控驾驶员的驾驶指令。

（3）监控制动系统的制动信息。

（4）监控辅助驾驶设备的能量消耗。

（5）综合监测结果，控制各系统的运行，实现安全、高效、舒适的行驶。

项目一
混合动力汽车驱动系统维护与诊断

　　混合动力驱动系统是混合动力汽车的动力总成，就像是发动机是燃油汽车的动力系统。由于混合动力汽车种类的多样性，作为混合动力汽车核心元件的混合动力驱动系统也具有多样性。例如，微混合动力汽车的驱动系统包含发动机系统和BSG电机系统；并联式混合动力系统包含发动机系统和驱动电机系统；串联式混合动力系统和混联式混合动力系统包含发动机系统、发电机系统和驱动电机系统。下面以2019款比亚迪秦混合动力汽车为例，介绍混合动力驱动系统的结构和工作原理，如图1-1所示。

图1-1　2019款比亚迪秦混合动力汽车驱动系统

　　2019款比亚迪秦混合动力汽车搭载的是比亚迪自主研发的DM3.0混合动力系统。DM3.0混合动力系统可以根据车辆的行驶状态，灵活地使用发动机和电动机两种动力源，通过合理控制弥补两种动力源之间的不足，从而降低燃油消耗，减少排放，发挥车辆的最大动力。

　　DM3.0混合动力系统主要由发动机控制系统、BSG电机控制系统、驱动电机控制系统、变速器控制系统组成。

项目目标 →

知识目标

◇ 发动机控制系统的结构和工作原理。

◇ BSG 电机控制系统的结构和工作原理。

◇ 驱动电机控制系统的结构和工作原理。

◇ 自动变速器控制系统的结构和工作原理。

◇ 发动机控制系统电路图。

◇ 发动机控制系统部件插接器针脚定义。

◇ BSG 电机控制系统电路图。

◇ BSG 电机控制系统部件插接器针脚定义。

◇ 驱动电机控制系统电路图。

◇ 驱动电机控制系统部件插接器针脚定义。

◇ 变速器控制系统电路图。

◇ 变速器控制系统部件插接器针脚定义。

技能目标

◇ 能够认知混合动力驱动系统的构造。

◇ 能够正确检查和维护混合动力驱动系统。

◇ 能够正确检测发动机控制系统出现的故障。

◇ 能够正确检测 BSG 电机控制系统出现的故障。

◇ 能够正确检测驱动电机控制系统出现的故障。

◇ 能够正确检测变速器控制系统出现的故障。

素养目标

◇ 能够遵纪守法、诚实守信，传承中华民族的传统美德。

◇ 能够严于律己、宽以待人，和同学及老师建立良好的关系。

◇ 实践过程中，培养集体意识和团队合作精神，养成规范操作的职业素养。

◇ 培养工匠精神，提升质量意识、安全意识、节能环保意识等职业素养。

◇ 培养个人荣誉感和集体荣誉感，培养劳模精神。

任务一 混合动力汽车驱动系统结构分析与维护

任务目标

◇ 掌握发动机控制系统的结构和工作原理。
◇ 掌握 BSG 电机控制系统的结构和工作原理。
◇ 掌握驱动电机控制系统的结构和工作原理。
◇ 掌握自动变速器控制系统的结构和工作原理。
◇ 能够独立完成混合动力汽车驱动系统的检查与维护。

情景导入

　　小林是一个 4S 店的资深维修技师，今天他接到一辆需要检修的混合动力汽车，据客户反映，车辆的保养提示灯点亮。小林通过车辆的保养记录发现，这辆车需要做驱动系统的检查与维护。他根据自己的专业知识，快速而认真地完成了车辆驱动系统的检查与维护，并根据车辆的保养需求重新设置了保养提示灯点亮条件，获得客户的好评。

　　假如，你是和小林一样的维修技师，能否按照标准流程对混合动力驱动系统进行检查和维护呢？接下来，请继续获取该系统的知识和技能吧。

应知应会

一、发动机控制系统的结构和工作原理

1. 发动机控制系统的结构

　　发动机控制系统使发动机的运行更加精准、细化，更好地实现了发动机的动力性、经济性和排放性。

　　发动机控制系统主要由传感器、控制器和执行器三部分组成，如图 1-2 所示。

在发动机控制系统中，传感器是输入部分，用于测量温度、压力、位置等各种物理信号，并将其转化为电信号；发动机控制模块接收传感器的输入信号并计算处理，产生控制信号输出到功率驱动电路，驱动各个执行器工作，使发动机正常运转。

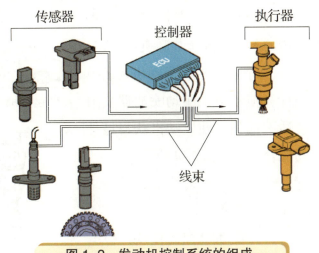

图1-2　发动机控制系统的组成

下面以2019款比亚迪秦混合动力汽车使用的TB10发动机介绍发动机的结构和工作原理。TB10发动机是一款高效节能的涡轮增压发动机，它的结构如图1-3所示，发动机控制系统的基本组件有：发动机控制模块、电子节气门、可变进气电磁阀、高压喷油器、进气温度/压力传感器、低压燃油泵、冷却液温度传感器、燃油压力传感器、高压燃油泵、高压油轨、凸轮轴位置传感器、爆燃传感器、曲轴位置传感器、炭罐电磁阀、氧传感器、点火线圈、涡轮增压器空气循环阀、增压压力限制电磁阀等部件。

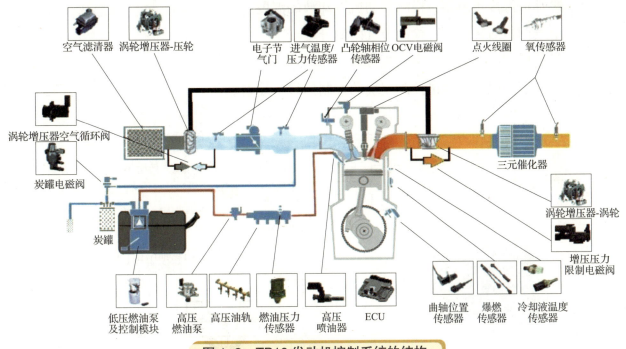

图1-3　TB10发动机控制系统的结构

2. 发动机控制系统的工作原理

为了保证发动机能够高效、节能的运行，发动机控制系统开发了以下基本功能：电子燃油喷射控制、电子点火控制、增压压力控制、诊断功能以及其他控制功能。

1）电子燃油喷射控制

电子燃油喷射的目的是给发动机提供合适的油量。发动机控制模块使用各种传感器探测发动机和车辆的运行工况，根据车辆的不同工况（如暖机、加速、减速、高速行驶），发动机控制模块计算喷油量，驱动喷油器喷射合适的油量，使发动机获得最佳的混合气，如图1-4所示。

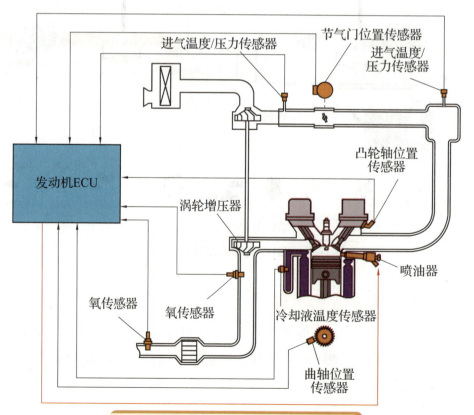

起动和暖机　　等速行驶　　高负荷行驶

图1-4　电子燃油喷射控制

电子燃油喷射系统的基本结构如图1-5所示。

（1）发动机控制模块：根据传感器传输的信号，计算出最佳的燃油喷射时间。

（2）进气温度/压力传感器：测量进气量和进气温度。

（3）曲轴位置传感器：检测曲轴的转角和转速。

（4）凸轮轴位置传感器：检测凸轮轴转角和凸轮轴正时。

（5）冷却液温度传感器：检测发动机冷却液的温度。

（6）节气门位置传感器：检测节气门的开度。

（7）氧传感器：检测废气中的氧含量。

（8）喷油器：根据发动机控制模块的控制信号，喷射燃油。

进气温度/压力传感器　　节气门位置传感器　　进气温度/压力传感器

发动机ECU

凸轮轴位置传感器

涡轮增压器

喷油器

氧传感器　氧传感器

冷却液温度传感器

曲轴位置传感器

图1-5　电子燃油喷射系统的基本结构

2）电子点火控制

电子点火控制的目的是为发动机提供最佳点火正时。发动机控制模块使用各种传感器感知发动机的运行工况，选择当前工况合适的点火正时来控制点火。通常发动机控制模块根据发动机的转速和负荷来控制点火正时，提升发动机的功率，减少排放，防止发动机爆燃，如图1-6所示。

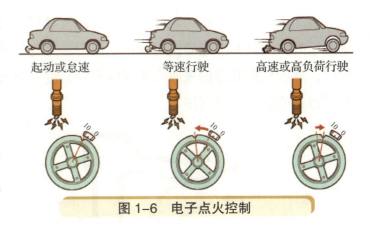

图1-6　电子点火控制

电子点火系统的基本结构如图1-7所示。

（1）曲轴位置传感器：检测曲轴的转角和转速。

（2）凸轮轴位置传感器：检测凸轮轴转角和凸轮轴正时。

（3）进气温度/压力传感器：测量进气量和进气温度。

（4）冷却液温度传感器：检测发动机冷却液的温度。

（5）节气门位置传感器：检测节气门的开度。

（6）氧传感器：检测废气中的氧含量。

（7）爆燃传感器：检测发动机的爆燃数据。

（8）发动机控制模块：根据传感器传输的信号，计算出发动机在各种工况下的最佳点火正时，发送点火信号给点火线圈。

（9）点火线圈：根据发动机控制模块的控制信号，产生高压电。

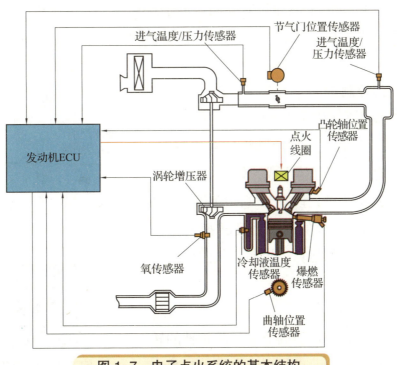

图1-7　电子点火系统的基本结构

3）增压压力控制

增压压力控制的目的是改善涡轮增压发动机在不同工况下的进气。如图1-8所示，电控单元根据发动机的工况确定目标增压压力，并与增压压力传感器检测到的实际增压压力进行比较，然后根据其差值来改变控制电磁阀开度，进而改变排气旁通阀的开度，控制排气旁通量，以精确地调节增压压力。

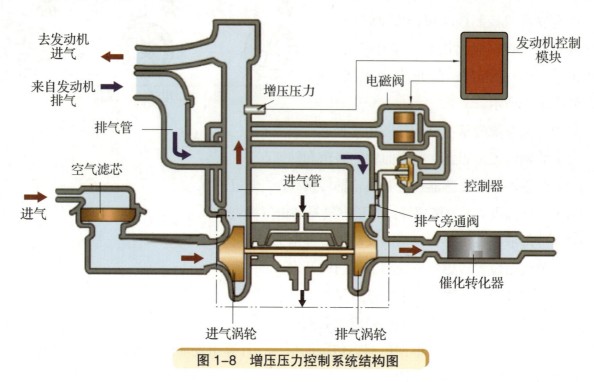

图1-8　增压压力控制系统结构图

4）其他控制

发动机控制系统除了电子燃油喷射控制、电子点火控制、增压压力控制这几个主要控制系统以外，还配有以下控制系统：电子节气门控制、可变气门正时控制、燃油蒸发排放控制等。

（1）电子节气门控制。

电子节气门控制指发动机控制模块直接控制节气门开度的控制方式。此系统由加速踏板位置传感器、发动机控制模块、电子节气门体组成，如图1-9所示。

电子节气门控制系统中，没有节气门拉索，而是根据传感器感知的加速踏板的踩下程度转换的电信号，通过发动机控制模块的运算，控制节气门控制电动机调节节气门开度。

（2）可变气门正时控制。

可变气门正时控制系统用于调节进气凸轮轴的转角，改变进气门的排气相位，以提高功率输出，减少

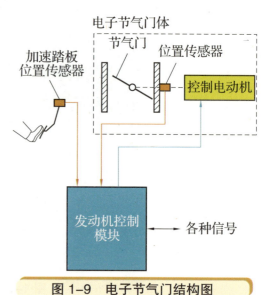

图1-9　电子节气门结构图

燃油消耗废气排放。

可变气门正时系统的组成如图 1-10 所示。发动机控制模块通过传感器获取信号，计算出阀门需要的正时，然后控制凸轮轴正时机油控制阀改变油道，实现可变气门正时控制。

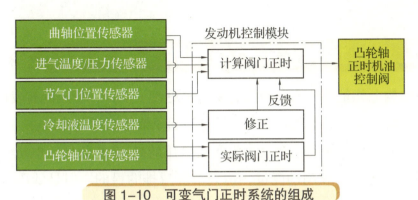

图 1-10　可变气门正时系统的组成

（3）燃油蒸发排放控制。

燃油蒸发排放控制系统的作用是防止汽车燃油箱内蒸发的汽油排入大气。它由活性炭罐、炭罐控制电磁阀及相应的管道等部件组成，如图 1-11 所示。

活性炭罐会吸收燃油箱内的燃油蒸汽，防止其直接排放到大气中，当发动机运转时，发动机控制模块会根据工况，控制炭罐控制电磁阀打开，将活性炭罐内的燃油蒸汽吸入进气道内烧掉，防止污染环境。

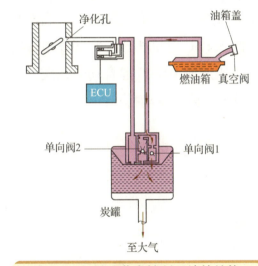

图 1-11　燃油蒸发控制系统的结构

5）诊断功能

发动机控制模块都具有诊断功能，又被称为车载诊断系统。我国在《轻型汽车污染物排放限制及测量方法（中国Ⅳ阶段）》中明确要求，所有汽车必须装有车载诊断系统。该系统可连续监测每个传感器和执行器的工作状态，如图 1-12 所示。如果诊断到故障，则该故障将以故障码的

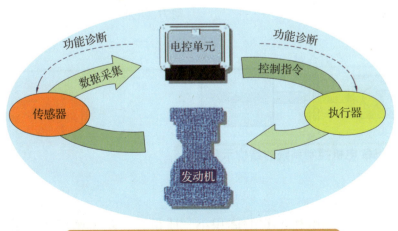

图 1-12　发动机控制系统故障诊断原理图

形式被记录下来，并点亮故障指示灯，通知驾驶员。在维修带车载诊断系统的车辆时，维修人员可以通过诊断仪迅速而准确地定位发生故障的元件，提升了维修的效率和质量。

发动机进行故障诊断的原理就是检测传感器或执行器上的电压。发动机控制模块连续监测输入的信号，并与存储在发动机中的标准信号参数对比，来确定任何反常情况。

二、BSG 电机控制系统的结构和工作原理

BSG 电机在结构上就是将传统发动机的发电机更改了设计，变成既有发电功能又有起动功能。这样的设计对发动机的改动非常小，但是却起了节能减排的作用。

BSG 电机最开始主要用于微混合动力汽车，采用的是 48 V 的低压电机。低压 BSG 电机能使车辆实现滑行起停、回收制动能量，达到节能减排的目的。但是低压 BSG 电机的功率小，发电能力弱，发电功率小，不能满足驱动要求，它的节能效果有限，不是混合动力汽车的最佳选择。

如今 BSG 电机也开始向高功率、高电压发展。高压 BSG 电机提升了电机的功率和驱动电压，与低压 BSG 电机相比，它的发电能力、行车助力能力有了很大的提升。高压 BSG 电机的代表是比亚迪 DM3.0 混合动力系统。比亚迪 DM3.0 混合动力系统可以实现混合动力汽车的串联模式，调节发动机长期处于高效运转，起串联式混合动力系统发电机的作用。

1. BSG 电机控制系统的结构

如图 1-13 所示，BSG 电机控制系统由 BSG 电机、电机控制器、电机转速 / 位置传感器、电机绕组温度传感器等部件组成。

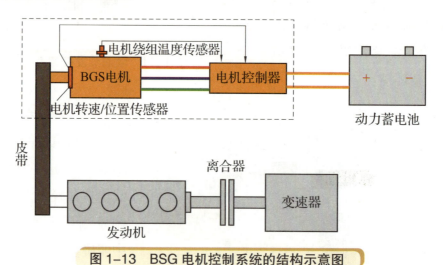

图 1-13　BSG 电机控制系统的结构示意图

1）BSG 电机

BSG 电机通常采用永磁同步电机作为驱动电机，它的体积小、质量轻、功率密度大，易于布置在发动机皮带轮附近，如图 1-14 所示。

（1）结构。

BSG 电机由电机外壳、定子线圈（三相定子绕组）、永磁转子、电机转速/位置传感器、电机绕组温度传感器、轴承等部件组成，如图 1-15 所示。

（2）工作原理。

BSG 电机使用的是永磁同步电机，它的工作原理如图 1-16 所示。电机的三相定子绕组通入三相交流电后，将产生一个旋转磁场。转子像磁针一样在旋转磁场中同步转动。旋转磁场正向转动，转子同步正向转动；旋转磁场反向转动，转子同步反向转动。

当转子被动力带动旋转时，永磁同步电机就相当于一个三相交流发电机。转子转动提供旋转磁场，定子内的三相绕组切割磁力线发电。

图 1-14　BSG 电机

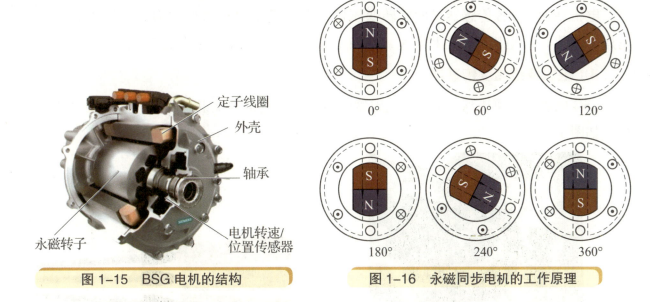

图 1-15　BSG 电机的结构

图 1-16　永磁同步电机的工作原理

2）BSG 电机控制器

BSG 电机控制器（图 1-17）的主要功能是控制 BSG 电机起动发动机、辅助驱动和发电。它还具有 CAN 通信、自检和故障处理等功能。

BSG 电机控制器由驱动模块、主控制器和输入/输出回路等组成，如图 1-18 所示。

驱动模块是 BSG 电机控制器的核心，其内部由绝缘栅双极晶体管和续流二极管组成，如图 1-18 所示。它在主控制模块的控制下，将高压直流电逆变成高压三相交流电。

BSG 电机控制器接收旋转传感器、温度传感器等监测电机的信号，控制电机实现电机的起动和发电等功能。

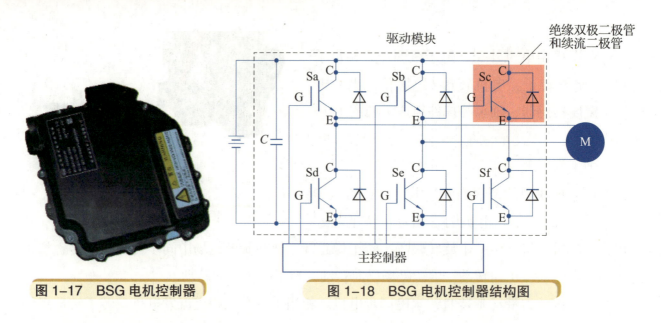

图 1-17　BSG 电机控制器

图 1-18　BSG 电机控制器结构图

3）电机转速／位置传感器

电机转速／位置传感器又叫旋转变压器，它集成在 BSG 电机的内部，如图 1-19 所示，它用于监测 BSG 电机的转角和转速，并将此信息发送给 BSG 电机控制模块。

4）电机绕组温度传感器

BSG 电机控制模块利用电机绕组温度传感器检测电机的绕组温度，防止因为过热烧毁电机，如图 1-20 所示。

图 1-19　电机转速／位置传感器

图 1-20　电机绕组温度传感器

2. BSG 电机控制系统的工作原理

BSG 电机控制系统有发动机起动、辅助驱动和发电等工作模式。

1）发动机起动、辅助驱动

当发动机需要起动时，BSG 电机控制器从 CAN 网络接收到起动指令，将从动力蓄电池输送来的高压直流电转换为高压交流电，输送给 BSG 电机，使电机运转，驱动皮带带动发动机曲轴转动，起动或辅助驱动发动机，如图 1-21 所示。辅助驱动的工作过程与发动机起动相同，当车辆动力不足时，BSG 电机控制器会驱动电机运转，将电能转化为动能，提供额外的驱动力。

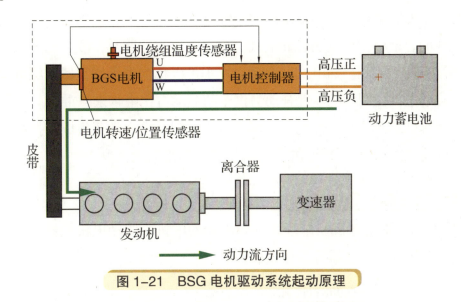

图1-21 BSG电机驱动系统起动原理

2）发电

当车辆需要 BSG 电机发电时，此时发动机运转，通过皮带带动 BSG 电机的永磁转子旋转，产生旋转磁场，使 BSG 电机内定子线圈切割磁力线产生三相交流电，输送给 BSG 电机控制器，BSG 电机控制器从 CAN 网络接收到发电指令后，把交流电整流成直流电输送给动力蓄电池，进行充电，如图 1-22 所示。

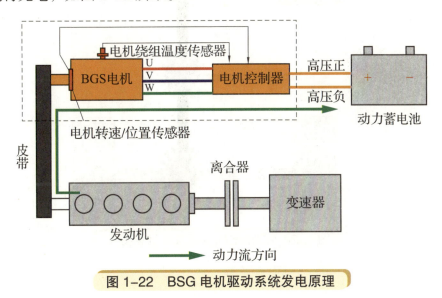

图1-22 BSG 电机驱动系统发电原理

三、驱动电机控制系统的结构和工作原理

驱动电机控制系统的主要功能是把动力电池的电能转化为机械能，产生驱动转矩，给车辆施加动力；车辆制动或者滑行时，驱动电机转换成发电机进行发电并将电能储存到电池中，以延长车辆的续航里程。驱动电机控制系统在混合动力汽车中有 3 个作用：驱动车辆行驶、

辅助发动机驱动车辆行驶、制动能量回收。

混合动力汽车的驱动电机控制系统结构与纯电动汽车相似，差别在于驱动电机的功率较小，动力蓄电池的容量小。不过随着插电式混合动力汽车的普及，混合动力汽车的驱动电机功率与纯电动汽车几乎相同。插电式混合动力汽车可以称为带了增程器的纯电动汽车。从上面可以看出，驱动电机控制系统在混合动力汽车的驱动占比中越来越重。

混合动力汽车低压系统没有发电机，驱动电机控制系统通常还集成有把高压直流电转换为低压直流电的功能（DC/DC 转换功能），用于给辅助蓄电池充电。

1. 驱动电机控制系统的结构

如图 1-23 所示，驱动电机控制系统主要由驱动电机、驱动电机控制器、电机转速 / 位置传感器、电机绕组温度传感器等部件组成。

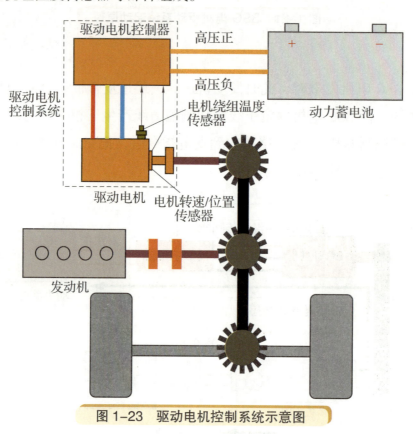

图 1-23　驱动电机控制系统示意图

1）驱动电机

驱动电机是将电能转换成机械能，并且为车辆行驶提供驱动力的电气装置，该装置也能够将机械能转化为电能。它的结构与 BSG 电机相似，也使用了永磁同步电机。它们的区别在于，驱动电机采用了更大功率的电机。

（1）结构。

驱动电机由三相定子绕组、永磁转子、电机绕组温度传感器、轴承等部件组成，如图 1-24 所示。

（2）工作原理。

驱动电机采用三相交流电源驱动，控制系统控制输出的三相交流电的电压、频率、相位变化，以实现电机转子的加速、减速和倒转，如图 1-25 所示。

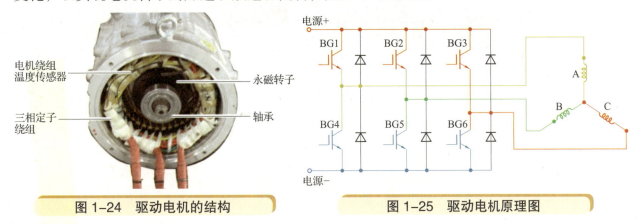

图 1-24　驱动电机的结构　　　　图 1-25　驱动电机原理图

2）驱动电机控制器

混合动力汽车驱动电机的驱动电机控制器受限于布置空间问题，通常被做成高度集成的元件。它除了用于驱动电机外，还具有 DC/DC 转换的功能。

（1）结构。

驱动电机控制器通常由：高压驱动电路、低压控制电路、高压电容、电流传感器、DC/DC 电路等部件组成，如图 1-26 所示。

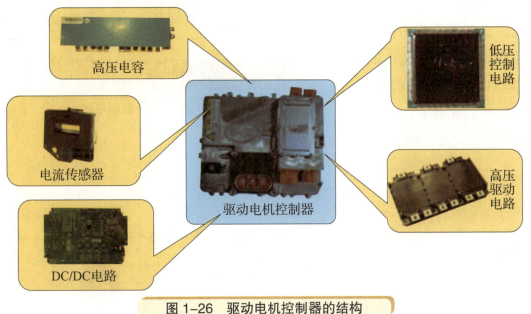

图 1-26　驱动电机控制器的结构

①高压驱动电路。

高压驱动电路又叫逆变电路，如图 1-27 所示。它的作用是将高压直流电转换为高压三相交流电，并能够将三相交流电转换为直流电。它的结构主要由绝缘栅双极晶体管和续流二极管组成。

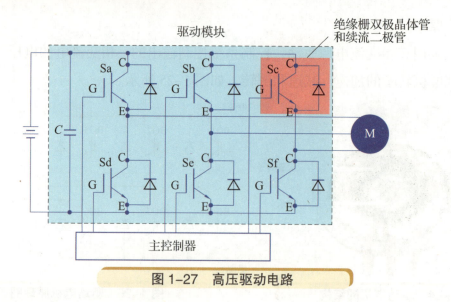

图 1-27　高压驱动电路

②低压控制电路。

低压控制电路接收来自传感器电路的信号以及来自通信电路的控制信号，通过这些信号驱动高压驱动电路工作，它还具有通信和故障处理的功能，如图 1-28 所示。

③电流传感器。

电流传感器负责监测高压驱动电路输出的三相交流电的电流，如图 1-29 所示。在驱动电机控制器中，布置有两个电流传感器，用来完成三相交流电路的监测。

图 1-28　低压控制电路

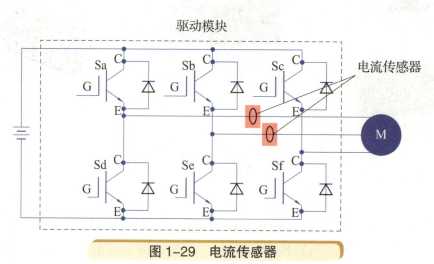

图 1-29　电流传感器

④高压电容。

高压电容并联在直流高压电路上，如图 1-30 所示。它用于吸收工作电路的杂波，平衡高压电路的电压，起到电路保护作用。

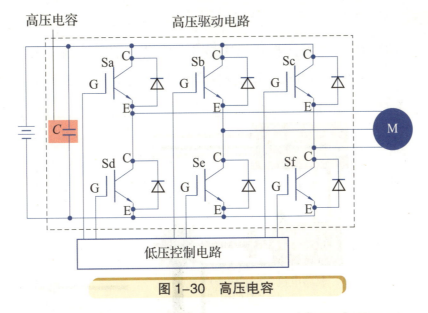

图 1-30　高压电容

⑤ DC/DC 转换电路。

DC/DC 转换电路是一个直流/直流转换器，它负责把高压直流电转换成 12 V 低压直流电，给辅助蓄电池充电，如图 1-31 所示。它的转换效率在 90% 以上，远比低压发电机的效率高，因此在混合动力车上替代低压发电机，成为低压供电装置。

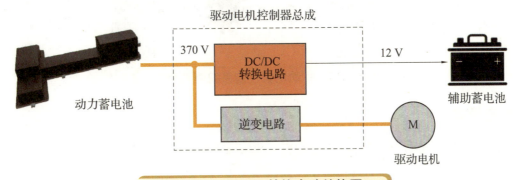

图 1-31　DC/DC 转换电路结构图

3）电机转速/位置传感器

电机转速/位置传感器集成在驱动电机的内部，如图 1-32 所示，用于监测驱动电机的转角和转速。驱动电机通常使用旋转变压器作为电机转速/位置传感器。

4）电机绕组温度传感器

驱动电机控制模块利用电机绕组温度传感器检测电机的绕组温度，防止因为过热烧毁电机如图 1-20 所示。

图 1-32　电机转速/位置传感器

2. 驱动电机控制系统的工作原理

混合动力汽车的驱动电机控制系统通常具有驱动、发电和 DC/DC 转换 3 种工作模式：

驱动电机系统组成及工作原理

1）驱动模式

驱动电机控制器从 CAN 网络接收到加速指令，将动力蓄电池输送来的高压直流电转换为高压三相交流电，输送给驱动电机，使电机运转驱动车轮行驶，如图 1-33 所示。

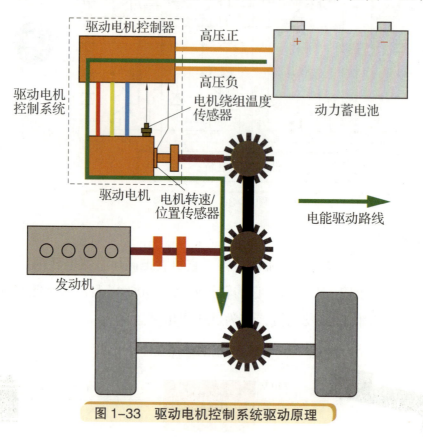

图 1-33　驱动电机控制系统驱动原理

2）发电模式

驱动电机控制系统的发电模式分为两种，第一种为能量回收发电模式，第二种为行车发电模式。

能量回收发电模式：当驱动电机控制器从 CAN 网络接收到减速或制动指令，此时电机控制器停止向驱动电机输送高压交流电，驱动电机失去驱动力；发动机或车轮的动力通过传动系统拖动电机转动，使电机发电；驱动电机控制器将电机发出的三相交流电整流、变压、滤波后，输送给动力蓄电池进行充电。

行车发电模式：车辆在匀速行驶时，如果驱动电机控制器接收到动力蓄电池的充电指令，将控制驱动电机发电，将发动机的一部分动能转化为电能给动力蓄电池充电，如图 1-34 所示。

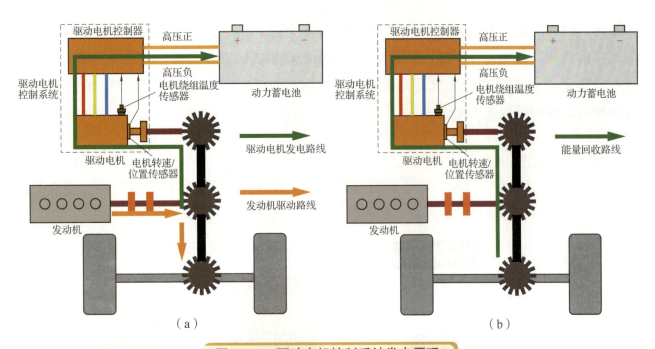

图 1-34 驱动电机控制系统发电原理
（a）发动机动能发电；（b）车轮能量回收发电

3）DC/DC 转换模式

混合动力汽车的驱动电机控制器就有将直流高压电转换成直流低压电的功能，电源开关打开后，驱动电机控制器将高压直流电首先逆变为高压交流电，然后变压为低压交流电，最后整流成 12 V 的低压直流电，给低压供电系统供电，如图 1-35 所示。

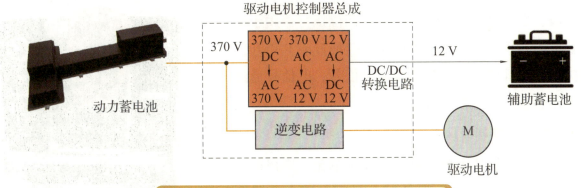

图 1-35 驱动电机控制系统 DC/DC 转换原理

四、自动变速器控制系统的结构和工作原理

混合动力汽车因为结构上的差异，使用的自动变速器也多种多样。混合动力汽车的变速器根据混合动力汽车的动力系统结构不同，有很大差异。以微混合动力汽车和轻度混动力汽车为例，驱动电机不能单独驱动车轮，车辆主要靠发动机动力驱动，所使用的变速器也与燃油汽车相同。对于重度混合动力汽车，驱动电机有足够的驱动力驱动车轮，车辆在低速时不使用发动机驱动，因此变速器只需要保留高速挡，以简化变速器的结构。对于串联式混合动

力汽车，因为只采用电机驱动车轮，车速可由电机转速调节，根本不需要变速装置。混合动力汽车的变速器虽然多种多样，但随着混合动力控制模式的发展，其控制系统会越来越电控化、智能化。下面以 2019 款比亚迪秦混合动力汽车的双离合自动变速器为例，介绍自动变速器控制系统的结构及工作原理。

1. 变速器控制系统的结构

2019 款比亚迪秦混合动力汽车的双离合自动变速器控制系统由挡位执行器、变速器控制模块、无刷电机控制器、变速器电机等部件组成，如图 1-36 所示。

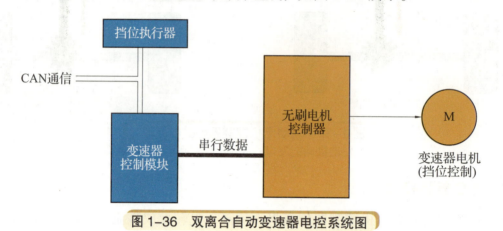

图 1-36　双离合自动变速器电控系统图

1) 挡位执行器

挡位执行器是一个通信模块，如图 1-37 所示，由控制模块、挂挡杆和 P 挡开关组成。挡位执行器用于识别驾驶员的挂挡意图，当驾驶员操作挂挡杆或 P 挡开关时，执行器内部的开关被按下生成电信号，电信号通过 CAN 网络传输到其他控制模块。

2) 变速器控制模块

变速器控制模块中包含有电子控制单元、换挡控制模块、换挡电磁阀、离合器控制电磁阀、压力控制电磁阀以及各种传感器，如图 1-38 所示。它通过 CAN 通

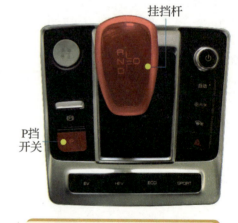

图 1-37　挡位执行器

信系统给挡位执行器及其他控制模块通信，接收整车控制模块命令信号，根据发动机转速、转矩、车速等信息，控制变速器工作，实现双离合器控制、换挡控制等变速器的各种控制功能。

3) 无刷电机控制器

无刷电机控制器是一个电源模块，如图 1-39 所示。它主要有两个功能：给变速器控制模块供电；控制 P 挡锁止或解锁。无刷电机控制器又叫变速器电源模块，它的首要功能就是

给变速器控制模块内的传感器、电磁阀供电，保证它们的正常工作。其次，它通过串行数据线接收变速器控制模块的信号，给 P 挡锁止电机供电，锁止或解锁 P 挡。

图 1-38　变速器控制模块

图 1-39　无刷电机控制器

4）变速器电机

变速器电机是一个直流无刷电动机，由无刷电机控制器控制，用于 P 挡的锁止或解锁。

2. 变速器控制系统的工作原理

1）变速器换挡控制

驾驶员操作换挡杆或 P 挡开关，挡位执行器接收到换挡信号，将换挡信号发送到 CAN 网络；变速器控制器接收到信号，将信号发送给无刷电机控制器进行挡位控制，并将执行命令发送给变速器控制模块，由变速器控制模块将命令发送到 CAN 网络；仪表接收到信号后，在显示屏上显示挡位信息，如图 1-40 所示。

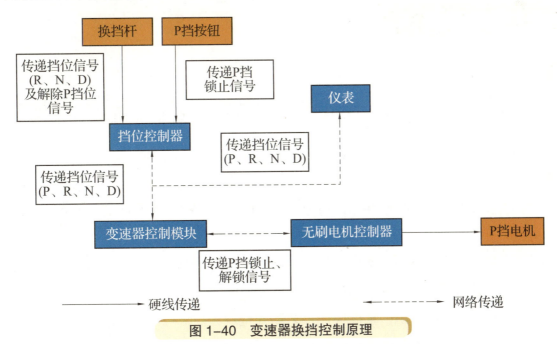

图 1-40　变速器换挡控制原理

变速器在执行换挡时，受到车速、制动等信号的影响，只有满足换挡条件，操作换挡执行器，变速器才能够进行换挡。变速器换挡的切换条件如表1-1所示。

表1-1　变速器换挡的切换条件

切入挡位 ＼ 当前挡位	P	R	N	D
P	—	车速 ≤ 3 km/h	车速 ≤ 3 km/h	车速 ≤ 3 km/h
R	电源模式为OK挡，有制动踏板状态	—	电源模式为OK挡	电源模式为OK挡，车速 ≤ 3 km/h
N	有制动踏板状态	电源模式为ON/OK挡	—	电源模式为ON/OK挡
D	电源模式为OK挡，有制动踏板状态	电源模式为OK挡，车速 ≤ 3 km/h	电源模式为OK挡	—

2）变速器升降挡控制

变速器的升挡和降挡，由变速器控制模块控制实现。变速器控制模块接收来自变速器内各传感器传输的信号，根据车辆和发动机的运行状态，控制各换挡电磁阀和离合器电磁阀工作，打开或关闭相应的液压油路工作，实现变速器的升挡或降挡控制。

 技能实训

一、实训规则 ▶▶

1. 目的

为了规范实训教学，提供良好的实训环境，将教学实训安全、高效、有序地进行，特制定本规则。

2. 规则

（1）学生要履行道德准则和行为规范，做到遵纪守法、诚实守信、文明礼貌、热爱劳动。

（2）实训时，着装要整齐，摘掉戒指、手表、项链等物品，长发应盘起固定于脑后。

（3）学生要做到上课不迟到、不早退；有事要请假。

（4）学生要认真学习知识，掌握操作工艺和安全规程。

（5）学生要有集体意识和团队合作精神，听从教师指导，服从工位分配。

（6）学生要有安全意识和质量意识，严格遵守操作规范，发扬工匠精神，保质保量按时完成实训任务。

（7）学生要有环保意识，要爱护仪器设备和公共设施，要节约材料，时刻保持实训场地整洁美观。

（8）学生在实训中，要有自我管理能力和职业规划的意识，要互教互学、取长补短。

（9）学生应严格执行管理规范，下课前整理仪器设备、清理卫生、切断电源、关好门窗，经教师同意后，方可离开实训场地。

二、实训注意事项

（1）对混合动力汽车驱动系统等包含高压部件的系统进行实训时，必须严格按照高压安全注意事项操作。

①在对高压设备进行实训时，必须设立专职监护人，由监护人指挥操作。

②操作人员需穿戴绝缘服、绝缘手套、绝缘鞋、护目镜等绝缘防护品。

③点火开关必须处于 OFF 状态，钥匙妥善保管；断开车辆或设备的辅助蓄电池，静置 10 min 以上；拔下维修开关并妥善保管（没有维修开关的车型可省略这一步）。

④维护或检修高压部件需使用专用绝缘工具。

⑤断开高压部件后，立即用绝缘胶带封堵被断开的高压线束连接器。

⑥禁止正、负极线路对接，避免正极或负极经人体接地。

⑦高压系统在检修完毕后，需由监护人检查并确认能够上电。

⑧在实训场地放置灭火器，注意不能使用水基灭火器。

（2）在实训时，如果需要使用举升机，需要注意以下事项：

①举升车辆不得超过该产品的额定举升质量。

②应将车辆较重的部位置于短举升臂上。

③举升车辆前，将举升臂放到被托举车辆的合适位置后，转动 4 个橡胶托盘，使 4 个托盘距离车身位置相等，然后再举升车辆。

④车辆举升离地 10 cm 左右时，检查托盘与车身的连接位置并晃动车身，确认安全后，才能继续举升。

⑤举升过程中，严禁车下站人。

⑥车辆举升完成后，确认举升机保险被落下。

三、驱动控制系统结构认知

本书中"驱动控制系统结构认知任务"以"混合动力汽车驱动电机控制实训教学系统"

（图 1-41）为载体，开展对混合动力汽车驱动控制系统的实训。完成驱动控制系统结构原理认知、检查维护与故障检测等理实一体化教学。

图 1-41　混合动力汽车驱动电机控制实训教学系统

1. 任务准备

◇ 操作设备：混合动力汽车驱动电机控制实训教学系统。

◇ 工具 / 材料：便利贴、签字笔。

◇ 人员分工：组长 1 名、记录人员 2 名、检验员 2 名、操作人员若干，以上角色可通过选举、抽签或老师指定等方式担任，通过多个任务的训练，争取让每个学生轮流担任不同角色，以提升学生的综合素质。

◇ 实训场地：混合动力汽车实训实验室。

2. 任务实施

在实训时，要有安全意识、质量意识、环保意识。实训过程中，要勇于创新，发扬精益求精的工匠精神。

（1）老师要组织研讨会，探讨实训台高压的危害、驱动系统高温部件烫伤危害及实训台安全操作的方法。

（2）指定同学检查实训台电源开关，确定处于 OFF 状态，收起智能钥匙安全放置。指定同学断开实训台的辅助蓄电池。在驱动系统高压部件位置和高温部件位置放置安全警告装置。

（3）将表 1-2 所示部件 / 零件池中驱动电机控制系统的零部件名称写在便利贴上，粘贴在实训台架对应的零件位置。

表 1-2　部件 / 零件池

发动机控制系统	发动机控制模块、电子节气门、可变进气电磁阀、高压喷油器、进气温度 / 压力传感器、低压燃油泵、冷却液温度传感器、燃油压力传感器、高压燃油泵、高压油轨、凸轮轴位置传感器、爆燃传感器、曲轴位置传感器、炭罐电磁阀、氧传感器、点火线圈、涡轮增压器空气循环阀、增压压力限制电磁阀
变速器控制系统	挡位执行器、变速器控制模块、无刷电机控制器、变速器电机
BSG 电机控制系统	BSG 电机低压端子、BSG 电机高压端子、BSG 电机控制器低压端子、BSG 电机控制器高压输入端子、BSG 电机控制器高压输出端子
驱动电机控制系统	驱动电机低压端子、驱动电机高压端子、驱动电机控制器低压端子、驱动电机控制器高压输入端子正、驱动电机控制器高压输入端子负、驱动电机控制器电机驱动端子、驱动电机高压直流输出端子、驱动电机控制器 12 V 正极输出端子、驱动电机控制器 12 V 负极输出端子

（4）实训任务完成后，指定学生连接实训台的电源。使用智能钥匙打开电源开关，检查确认混合动力汽车驱动电机控制实训教学系统能够正常工作。

3. 任务评价

完成实训任务后，对任务完成情况进行评价。

四、驱动系统检查与维护

1. 任务准备

◇ 操作车辆：以 2019 款比亚迪秦混合动力汽车为例。

◇ 工具 / 材料：绝缘服、绝缘手套、绝缘鞋、护目镜、诊断仪。

◇ 人员分工：组长 1 名、记录人员 2 名、检验员 2 名、操作人员若干，以上角色可通过选举、抽签或老师指定等方式担任，通过多个任务的训练，争取让每个学生轮流担任不同角色，以提升学生的综合素质。

◇ 实训场地：带举升机的标准工位。

2. 任务实施

在实训时，要有安全意识、质量意识、环保意识。实训过程中，要勇于创新，发扬精益求精的工匠精神。

检查前防护	
个人防护：维修人员穿戴好绝缘服、绝缘鞋、绝缘手套、护目镜等防护套装。（注意：穿戴防护套装前，先检查是否破损。）	**整车防护**：车内部铺设脚垫、座椅套和转向盘套；车外铺设翼子板和前格栅护罩
	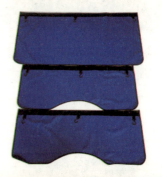
检查与维护	
第一步：关闭电源开关到 OFF 挡，将智能钥匙带出车内并妥善放置	**第二步**：断开辅助蓄电池负极导线，然后等待 5 min

第三步: 检查发动机控制模块,外观是否有破损、锈蚀;插头是否松动或损坏;插头连接线束是否异常

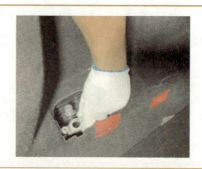

第六步: 检查发动机进气管,是否变形、开裂;检查进气管上的插头及其线束是否老化、松动、破损

第四步: 检查 BSG 控制模块,外观是否有破损、锈蚀;检查模块高压插头及其线束是否老化、松动、破损;检查模块低压插头及其线束是否老化、松动、破损

第七步: 检查发动机燃油系统。检查供油管路及燃油导轨是否开裂、变形;检查喷油器安装是否到位,外观是否损伤;检查燃油系统上的插头及其线束是否老化、松动、破损

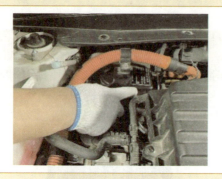

第五步: 检查发动机皮带及各皮带轮,是否老化、开裂、变形

第八步: 检查发动机排气管,外观是否开裂、变形;检查排气管附近的插头及其线束是否老化、松动、破损

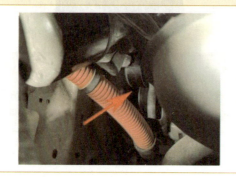

第九步：检查点火线圈，是否变形、破损；检查点火线圈插头及其线束是否老化、松动、破损

第十步：检查发动机的外观，是否有磕碰、损伤；是否渗油、渗水

第十一步：检查驱动电机及变速器壳体的外观，是否有磕碰、损伤；检查驱动电机高压端子及其线束，是否老化、破损、松动；检查驱动电机低压端子及其线束，是否老化、破损、松动

第十二步：检查驱动电机控制器的外观，是否有磕碰、损伤；检查驱动电机控制器高压端子及其线束，是否老化、破损、松动；检查驱动电机控制器低压端子及其线束是否老化、破损、松动

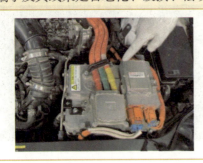

第十三步：检查冷却液的液位是否正常

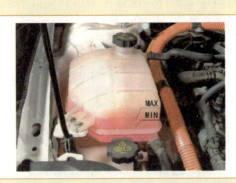

第十四步：检查发动机和驱动电机控制器的冷却管路是否老化、破损、渗漏

第十五步：使用举升机将车辆举升到合适高度

第十六步：拆卸发动机底护板

第十七步：检查发动机的底部，是否磕碰、变形，是否漏水漏油；检查发动机底部的插头及其线束，是否老化、破损、松动

第二十一步：安装发动机底护板

第十八步：检查 BSG 电机的外观，是否磕碰、变形；检查电机的高压插头及其线束，是否老化、破损、松动；检查电机的低压插头及其线束，是否老化、破损、松动

第二十二步：使用举升机将车辆降至地面

第十九步：检查变速器的外观，是否磕碰、变形，是否漏油；检查变速器上的插头及其线束，是否老化、破损、松动

第二十三步：安装辅助蓄电池负极导线

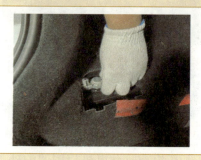

第二十步：检查变速器控制模块的外观，是否开裂、变形；检查变速器控制模块的插头及其线束，是否老化、破损、松动

第二十四步：将智能钥匙放入车内，操作电源开关，确认车辆能够进入 OK 状态

第二十五步：使用诊断仪读取驱动控制系统的故障码。查看驱动系统是否存在故障。驱动系统的检查完成

3. 任务评价

完成实训任务后，对任务完成情况进行评价。

任务二　发动机控制系统的诊断

任务目标

◇ 能够识读发动机控制系统的电路图。
◇ 熟悉发动机控制系统部件插接器的针脚定义。
◇ 能够对发动机控制系统进行故障诊断与排除。

情景导入

张女士特别注意环保，她通常开一辆混合动力汽车出门。今天驾驶车辆时，她发现仪表中的发动机故障灯点亮，且在车辆的尾部还能够闻到排气异味，于是将车辆开到维修店检修。假如你是一名汽车维修技师，是否有足够的技能，帮助张女士修好车辆。接下来，请继续获取该系统的知识和技能吧。

应知应会

一、发动机控制系统电路识读

发动机控制系统是一个控制型电路，负责对发动机工作时的进气、喷油和点火进行控制。电路中的传感器相当于眼睛和耳朵，用于接收信息；执行器相当于腿和手，用于做出动作；控制模块相当于大脑，用于处理信息和控制动作执行。

1. 发动机控制系统整体电路识读

如图1-42所示，当发动机开始工作时，电控系统开始履行职责，控制发动机的运转。发动机控制模块通过传感器获取温度、压力等信号，并按设定的程序计算处理，产生相应的控制信号输出到功率驱动电路，驱动各个执行器工作，完成进气量控制、喷油量控制、点火正时控制、蒸发排放控制等各种控制策略，使发动机正常运转。同时发动机控制模块通过模块内部的诊断电路对系统中各部件或控制功能进行监控，一旦检测到故障并确认后，就会存储故障码，并进入失效保护模式，停止故障部件的功能。当故障排除，发动机控制系统则恢复正常运行。

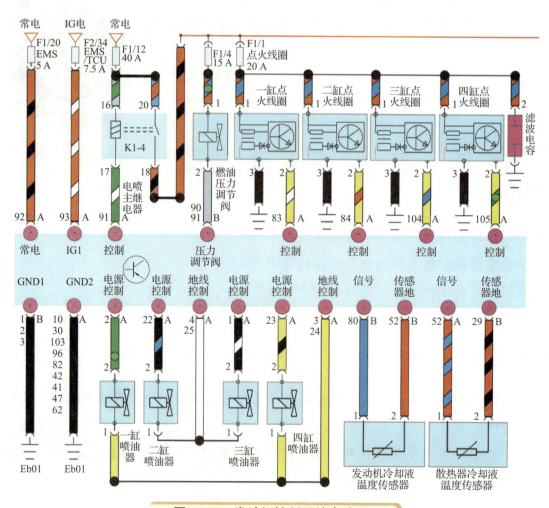

图1-42 发动机控制系统电路图

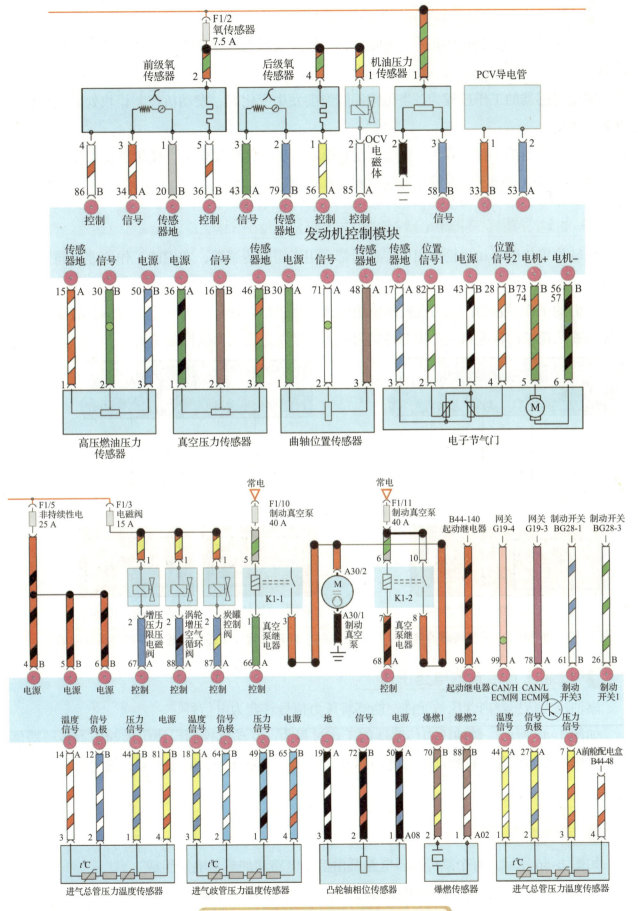

图 1-42　发动机控制系统电路图（续）

2. 进气压力／温度传感器电路识读

进气压力／温度传感器由进气温度传感器和进气压力传感器组成，它们共用接地，如图1-43所示。

温度传感器的工作过程为：当传感器随温度发生变化时，发动机控制模块处的电压信号也随之改变。

压力传感器的工作过程为：发动机控制模块给压力传感器供电，使传感器工作。压力传感器通过压敏电阻产生压力信号发送给发动机控制模块。

3. 曲轴位置传感器和凸轮轴相位传感器电路识读

曲轴位置传感器和凸轮轴相位传感器都采用了霍尔传感器，它们的工作原理相同，如图1-44所示。

它们的工作过程为：发动机控制模块给传感器供电，使传感器工作，传感器的霍尔模块将曲轴或凸轮轴的转速和位置状态转变为电压信号发送给发动机控制模块。

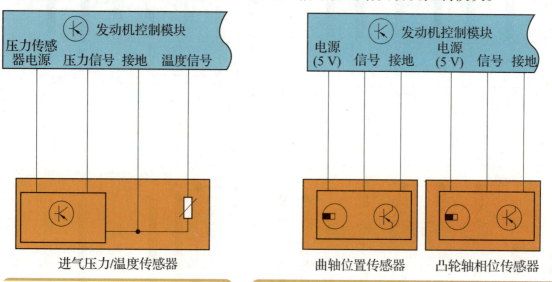

图1-43 进气压力／温度传感器电路   图1-44 曲轴位置传感器和凸轮轴相位传感器电路图

4. 燃油压力传感器电路识读

燃油压力传感器内含压敏元件，能够将压力信号转变为电信号。

如图1-45所示，燃油压力传感器的工作过程为：发动机控制模块给燃油压力传感器供电，传感器开始工作，将燃油施加到传感器上的压力信号转变为电压信号，输送给发动机控制模块。

5. 氧传感器电路识读

如图1-46所示，每个氧传感器电路都由信号电路和加热器电路组成。

传感器的工作工程为：发动机控制模块采用占空比方式控制加热器工作，将氧传感器加热到工作温度。氧传感器被加热到工作温度后开始工作，将尾气中的氧含量转换为电信号发送给发动机控制模块。

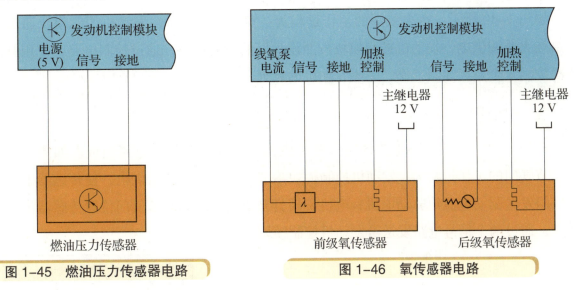

图1-45 燃油压力传感器电路　　　　图1-46 氧传感器电路

6. 冷却液温度传感器电路识读

冷却液温度传感器是一个负温度系数的热敏电阻，它串联在传感器电路中，具有分压的作用。

如图1-47所示，冷却液温度传感器电路的工作过程为：在传感器电路中，当传感器的电阻发生变化时，传感器两端电压也发生变化，作为电信号输出给发动机控制模块。

7. 喷油器电路识读

如图1-48所示，喷油器的工作过程为：发动机控制模块给喷油器的两端施加脉冲电压，控制喷油器的工作。当喷油器的两端施加电压时，喷油器打开喷油；当喷油器两端的电压消失时，喷油器关闭。发动机控制模块按照设计好的控制策略，依次打开、关闭四个喷油器，给各气缸提供合适的燃油。

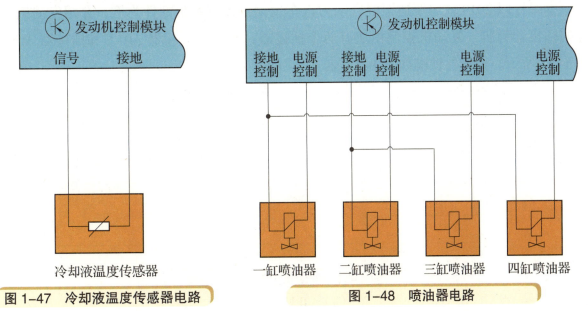

图1-47 冷却液温度传感器电路　　　　图1-48 喷油器电路

8. **点火线圈电路识读**

如图 1-49 所示，点火线圈的工作过程为：发动机工作时，发动机控制模块通过主继电器给点火线圈供电，发动机控制模块按照设计好的控制策略，通过控制电路，使用脉冲信号依次控制 4 个点火线圈工作，完成发动机的点火。

9. **电子节气门电路识读**

电子节气门总成电路由节气门位置传感器电路和电机驱动电路组成。如图 1-50 所示，电子节气门的工作过程为：发动机控制模块给节气门位置传感器供电，使传感器工作。电子节气门发送驱动电流给驱动电机，电机旋转打开节气门。同时节气门位置传感器将节气门的开度，通过两个信号电路发送给发动机控制模块。

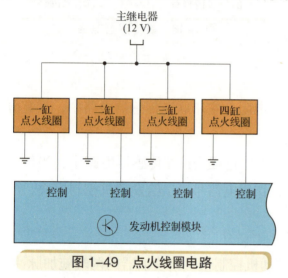

图 1-49 点火线圈电路

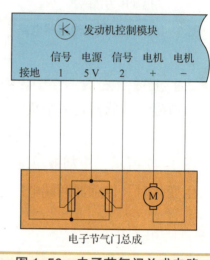

图 1-50 电子节气门总成电路

二、发动机控制系统部件插接器针脚介绍

本课程以 2019 款比亚迪秦混合动力汽车发动机控制系统部件为例，介绍发动机控制系统的插接器针脚。发动机控制模块有两个插接器，分别为插接器 A01A 和插接器 A01B，如图 1-51 所示。插接器针脚如表 1-3、表 1-4 所示。

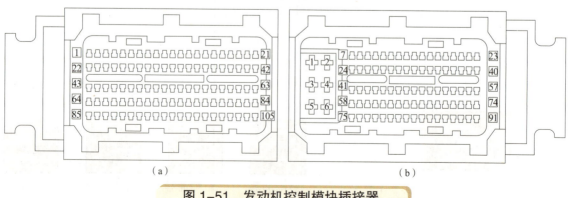

（a） （b）

图 1-51 发动机控制模块插接器

（a）A01A；（b）A01B

表 1-3　发动机控制模块插接器 A01A 针脚介绍

插接器 A01A					
针脚	连接点	类型	针脚	连接点	类型
1	三缸喷油器地线控制	输出	52	散热器出口冷却液温度传感器地	接地
2	一缸喷油器地线控制	输出	53	导电管地	接地
3	四缸喷油器电源控制	输出	54	脱附压力传感器地	接地
4	三缸喷油器电源控制	输出	56	后级氧传感器地	接地
7	泄漏检测模块阀负极驱动	输出	62	信号地	接地
10	信号地	接地	64	前级氧传感器加热	输出
14	进气总管压力传感器电源	输出	66	制动真空泵继电器 2 控制	输出
15	高压燃油压力传感器电源	输出	67	增压压力限压电磁阀控制	控制
17	节气门位置传感器电源	输出	68	制动真空泵继电器 1 控制	输出
18	进气歧管压力传感器电源	输出	71	曲轴位置传感器信号	输入
19	凸轮轴相位传感器电源	输出	78	ECM 网 CAN-L	输入输出
22	二缸喷油器地线控制	输出	82	信号地	地
23	四缸喷油器地线控制	输出	83	一缸点火线圈控制	输出
24	一缸喷油器电源控制	输出	84	二缸点火线圈控制	输出
25	二缸喷油器电源控制	输出	85	OCV 电磁阀控制	输出
27	泄漏检测模块加热驱动	输出	87	炭罐电磁阀控制	输出
30	信号地	接地	88	涡轮增压空气循环阀控制	输出
33	曲轴位置传感器电源	输出	89	冷却液循环泵继电器控制	输出
34	制动助力器压力传感器电源	输出	90	起动继电器控制	输出
36	GPF 压差传感器电源	输出	91	非持续电源	输入
40	脱附压力传感器电源	输出	92	持续电源	输入
41	信号地	地	93	点火开关电源	输入
42	信号地	地	96	信号地	地
43	后级氧传感器加热	输出	99	ECM 网 CAN-H	输入输出
44	泄漏检测模块电机驱动	输出	103	信号地	地
47	信号地	接地	104	三缸点火线圈控制	输出
48	曲轴位置传感器地	接地	105	四缸点火线圈控制	输出
50	凸轮轴相位传感器地	接地			

表 1-4 发动机控制模块插接器 A01B 针脚介绍

插接器 A01B					
针脚	连接点	类型	针脚	连接点	类型
1	功率地	接地	50	高压燃油压力传感器地	接地
2	功率地	接地	52	发动机冷却液温度传感器地	接地
3	功率地	接地	56	电子节气门电机 1-	输出
4	非持续电 1	输入	57	电子节气门电机 2-	输出
5	非持续电 2	输入	58	机油传感器信号	输入
6	非持续电 3	输入	61	制动开关信号 1	输入
12	进气总管温度传感器信号	输入	64	进气歧管温度传感器信号	输入
13	制动助力器压力传感器信号	输入	65	进气歧管压力传感器信号	输入
16	GPF 压差传感器信号	输入	70	爆燃传感器 1 端	输入
20	线氧能斯特电压	输入	72	凸轮轴相位传感器信号	输入
26	制动开关信号 3	输入	73	电子节气门电机 2+	输出
28	节气门位置传感器信号 1	输入	74	电子节气门电机 1+	输出
29	散热器出口冷却液温度传感器信号	输入	79	后级氧传感器信号	输入
30	高压燃油压力传感器信号	输入	80	发动机冷却液温度传感器	输入
33	导电管信号	输入	81	进气总管压力传感器信号	输入
36	线氧泵电流	输出	82	节气门位置传感器信号 2	输入
43	节气门位置传感器地	接地	84	脱附压力传感器信号	输入
44	进气总管温度压力传感器地	接地	86	前级氧传感器地	接地
45	制动助力器压力传感器地	接地	88	爆燃传感器 2 端	输入
46	GPF 压差传感器地	接地	90	燃油压力调节阀 2	输出
49	进气歧管温度压力传感器地	接地	91	燃油压力调节阀 1	输出

 技能实训

一、实训规则

1. 目的

为了规范实训教学，提供良好的实训环境，使实训教学安全、高效、有序地进行，特制定本规则。

2. 规则

（1）学生要履行道德准则和行为规范，做到遵纪守法、诚实守信、文明礼貌、热爱劳动。

（2）实训时，着装要整齐，摘掉戒指、手表、项链等物品，长发应盘起固定于脑后。

（3）学生要做到上课不迟到、不早退；有事要请假。

（4）学生要认真学习知识，掌握操作工艺和安全规程。

（5）学生要有集体意识和团队合作精神，听从教师指导，服从工位分配。

（6）学生要有安全意识和质量意识，严格遵守操作规范，发扬工匠精神，保质保量按时完成实训任务。

（7）学生要有环保意识，要爱护仪器设备和公共设施，要节约材料、时刻保持实训场地整洁美观。

（8）学生在实训中，要有自我管理能力和职业规划的意识，要互教互学、取长补短。

（9）学生应严格执行管理规范，下课前整理仪器设备、清理卫生、切断电源、关好门窗，经教师同意后，方可离开实训场地。

二、实训注意事项

（1）在混合动力汽车高压设备附近进行实训时，必须严格按照高压安全注意事项操作。

①在对高压设备进行实训时，必须设立专职监护人，由监护人指挥操作。

②操作人员需穿戴绝缘服、绝缘手套、绝缘鞋、护目镜等绝缘防护品。

③点火开关必须处于 OFF 状态，钥匙妥善保管；断开车辆或设备的辅助蓄电池，静置 10 min 以上；拔下维修开关并妥善保管（没有维修开关的车型可省略这一步）。

④维护或检修高压部件需使用专用绝缘工具。

⑤断开高压部件后，立即用绝缘胶带封堵被断开的高压线束连接器。

⑥禁止正、负极线路对接，避免正极或负极经人体接地。

⑦高压系统在检修完毕后，需由监护人检查并确认能够上电。

⑧在实训场地放置灭火器，注意不能使用水基灭火器。

（2）当使用专用实训设备进行实训时，必须严格按照设备操作流程进行实训。

①进行实训前，首先勘察实训场地，是否有漏电、火灾、摔倒、中毒等风险。

②在操作实训设备前，首先检查设备是否损伤，设备线路是否连接完好。

③实训设备开机后，需等设备运转平稳，然后操作设备。

④操作设备时，应正确使用工具，严禁暴力拆装，胡乱跨接测量。

⑤实训过程中，要团队协作，制订计划，明确分工。

⑥使用万用表测量时，必须选对测量挡位及量程，以免影响测量结果或损坏万用表。

⑦使用诊断仪诊断故障时，确保诊断线路连接可靠，车辆电源开关处于 ON 挡状态。

三、故障检测流程

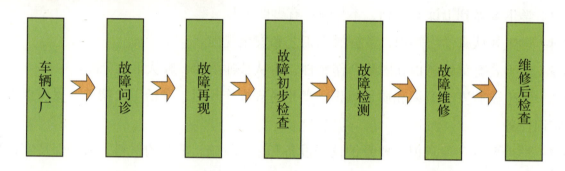

四、发动机燃油压力调节阀电路故障诊断

1. 任务准备

发动机燃油压力调节阀电路故障诊断

◇ 操作设备：混合动力汽车驱动电机控制实训教学系统，如图 1-41 所示。

◇ 工具 / 材料：万用表、跨接线、诊断仪、绝缘服、绝缘手套、绝缘鞋、护目镜。

◇ 人员分工：组长 1 名、记录人员 2 名、检验员 2 名、操作人员若干，以上角色可通过选举、抽签或老师指定等方式担任，通过多个任务的训练，争取让每个学生轮流担任不同角色，以提升学生的综合素质。

◇ 实训场地：混合动力汽车实训实验室。

2. 任务实施

在实训时，要有安全意识、质量意识、环保意识。实训过程中，要勇于创新、发扬精益求精的工匠精神。

（1）老师要组织研讨会，探讨实训台架高压的危害及实训台架安全操作的方法。

（2）实训任务前，需连接混合动力汽车6个实训台架。

注意：台架组装期间，严禁操作人员之外的人员接近台架。

①操作人员穿戴绝缘服、绝缘手套、绝缘鞋、护目镜等绝缘套装。

②确认6合1混合动力汽车实训台架的辅助蓄电池负极端子断开。

③操作人员连接6个混合动力实训台架之间的连接线路。

④确认台架之间的线路连接正确，并连接辅助蓄电池负极端子。

⑤操作人员操作实训台架的电源开关，确定混合动力汽车实训台架工作正常。

（3）给实训中不需要操作的实训台架周围设置防护栏。

故障检测前防护	
个人防护： 维修人员穿好工装、戴好手套	

故障检测	
第一步： 故障再现	
（1）踩下制动踏板，按下电源开关，起动实训台	（2）仪表上的发动机故障灯点亮；中央信息栏显示：请检查发动机系统。确认故障现象后，关闭电源开关
	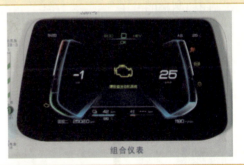组合仪表
第二步： 故障初步检查	
（1）连接诊断仪，将电源开关打开到ON挡	（2）使用诊断仪检测故障码。发现当前故障码：P0089，燃油压力调节阀控制线路故障。此故障的含义是，燃油压力调节阀控制线路存在断路或短路故障

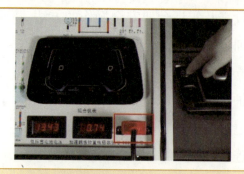

（3）可能造成故障的原因有：

①燃油压力调节阀电源线路故障。②燃油压力调节阀控制线路故障。③燃油压力调节阀故障。④发动机控制模块故障

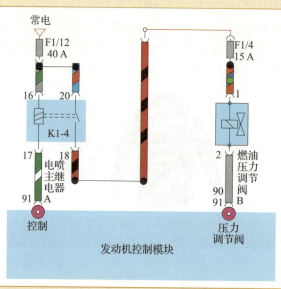

第三步：故障检测

（1）根据故障的可能原因判断，首先测量燃油压力调节阀控制端的电压	将万用表开关打到电压挡，使用黑表笔连接接地点，红表笔连接发动机控制模块 A01B-90 号针脚或 A01B-91 号针脚，实训台 ON 挡状态，电压应在 12 V 左右
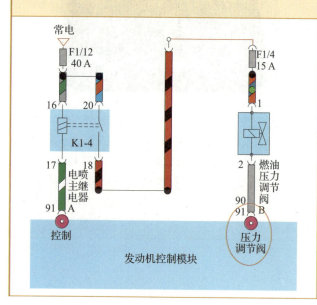	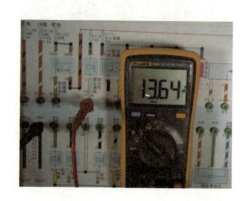

（2）测量燃油压力调节阀的电源电压	燃油压力调节阀插接器连接状态，使用万用表的红表笔连接1号针脚，黑表笔连接接地点，电压应在12 V左右

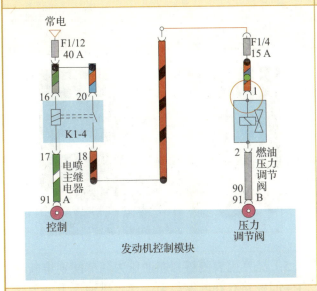 

（3）如果燃油压力调节阀的电源电压异常，则需要检查熔断丝F1/4及其供电线路

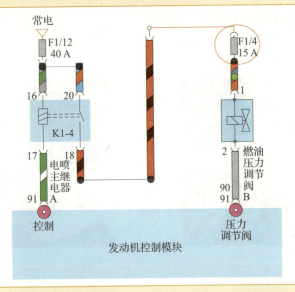

①使用万用表的黑表笔连接接地点，红表笔分别连接熔断丝F1/4输入端测试点和输出端测试点。两个测试点的电压正常都应在12 V左右。如果，输入端电压正常，输出端电压异常，则熔断丝F1/4烧蚀；如果两个测量点电压都异常，则熔断丝F1/4的供电线路故障

②如果熔断丝烧蚀，则需要测量熔断丝F1/4输出线路是否对地短路。关闭电源开关。万用表开关打到电阻挡，红、黑表笔分别连接熔断丝F1/4的输出端和接地点，电阻正常应 >10 kΩ

③如果熔断丝供电正常，测量燃油压力调节阀供电线路的通断。断开燃油压力调节阀的插接器。使用万用表的红、黑表笔分别连接燃油压力调节阀插接器的1号针脚和熔断丝F1/4的输出端测试点，电阻正常应 <1 Ω

（4）如果燃油压力调节阀的电源电压正常，则需要检查燃油压力调节阀控制线路的通断。断开发动机A01B插接器。使用万用表的红、黑表笔分别连接燃油压力调节阀插接器2号针脚和发动机控制模块A01B-91号针脚，电阻正常应 <1 Ω

（5）经万用表测得，燃油压力调节阀到熔断丝F1/4间线路存在断路故障，导致燃油压力调节阀电源线路故障

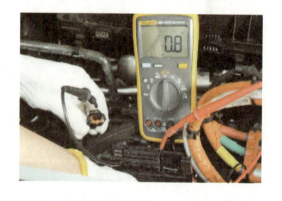

第四步：故障维修

维修故障线束，更换相关配件

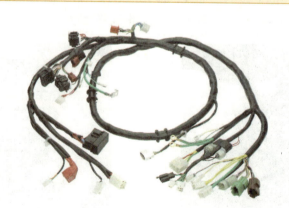

第五步：维修后检查	
（1）操作电源开关，起动实训台，检查故障是否排除，故障现象是否存在	（2）使用诊断仪再次进行诊断，确定故障排除
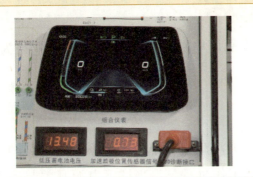	

3.▶ 任务评价

完成实训任务后，对任务完成情况进行评价。

任务三　BSG 电机控制系统的诊断 3

📝 任务目标

◇ 能够识读 BSG 电机控制系统的电路图。

◇ 熟悉 BSG 电机控制系统部件插接器的针脚定义。

◇ 能够对 BSG 电机控制系统进行故障诊断与排除。

📝 情景导入

　　杨先生使用一辆混合动力汽车作为代步工具。今天驾驶车辆时，他注意到仪表中有故障灯点亮，仪表中心显示：请检查发电系统，赶忙将车辆开到维修店检修。假如你是一名汽车维修技师，是否有足够的技能，帮助杨先生修好车辆。接下来，请继续获取该系统的知识和技能吧。

应知应会

一、BSG电机控制系统电路识读

混合动力汽车的BSG电机控制系统的电路分为高压电路和低压电路，低压电路为控制电路，高压电路为驱动/发电电路。

1. BSG电机控制系统电路识读

如图1-52所示，下面以2019款比亚迪秦混合动力汽车BSG电机控制系统的电路图为例，识读BSG电机控制系统电路。BSG电机控制系统的工作过程是：当按下电源开关起动车辆，BSG电机控制器通电开始工作，它通过CAN网络与其他控制模块通信，接收控制信息，并将自身工作状态发送到CAN网络；通过BSG电机内部的转速位置传感器和温度传感器获取电机的运转状态。当BSG电机控制器从CAN网络接收到起动命令时，便将输入的直流高压电转换为高压交流电输送给BSG电机，驱动电机运转，起动发动机；当BSG电机控制器从CAN网络接收到发电命令时，BSG电机将发动机的动能转化为电能，由BSG电机控制器整流，变压输送给动力蓄电池进行充电。

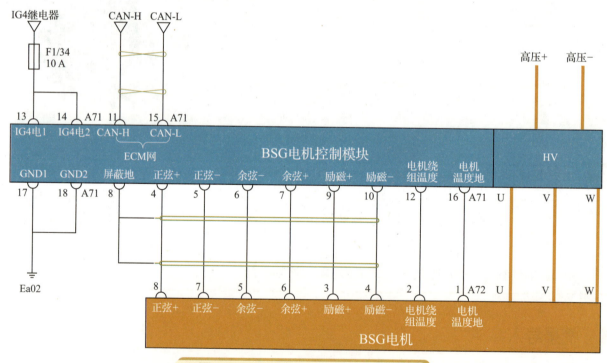

图1-52 BSG电机控制系统电路

2. 电机转速/位置传感器电路识读

BSG电机的转速/位置传感器又叫旋转变压器，其电路如图1-53所示。电机转速/位置传感器的工作过程为：BSG电机控制器被唤醒后，通过励磁电路给传感器提供交变电压，使其工作，通过电磁感应，传感器的正弦信号电路和余弦信号电路产生交流电压。正弦信号电路和余弦信号电路产生的交流电压，随着转子的角度变化而变化，指示转子的转速和转角。

3. BSG 电机高压电路识读

如图 1-54 所示，BSG 电机的工作模式分为驱动模式和发电模式。

驱动模式的工作过程为：BSG 电机控制器将高压直流电，转变为三相高压交流电输送给BSG 电机，使电机运转。

发电模式的工作过程为：BSG 电机将发动机的动能转化为三相交流电，电机控制器将三相交流电经过整流、变压，转变为高压直流电输送给动力电池。

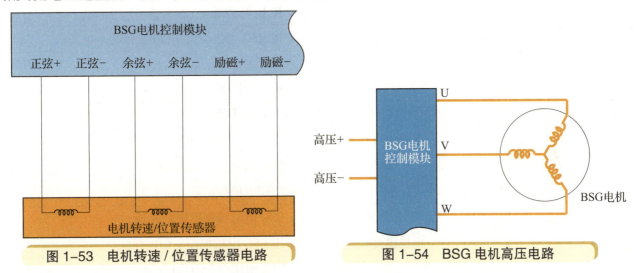

图 1-53　电机转速 / 位置传感器电路　　　　图 1-54　BSG 电机高压电路

二、BSG 电机控制系统部件插接器针脚介绍

本课程以 2019 款比亚迪秦混合动力汽车 BSG 控制系统部件为例，介绍 BSG 电机控制系统针脚。BSG 电机控制系统的插接器主要有 BSG 电机控制器低压插接器 A71 和 BSG 电机低压插接器 A72，如图 1-55 所示。其插接器针脚介绍如表 1-5 所示。

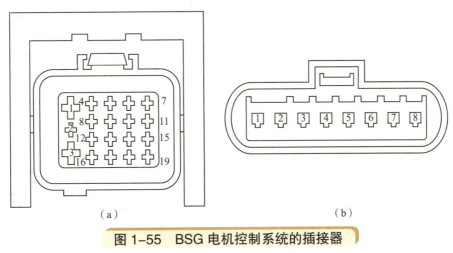

（a）　　　　　　　　　　　　（b）

图 1-55　BSG 电机控制系统的插接器

（a）A71；（b）A72

表 1-5　BSG 电机控制系统部件插接器针脚介绍

插接器	针脚号	针脚定义	线束连接
A71	4	sin+	接 BSG 电机 sin+
	5	sin-	接 BSG 电机 sin-
	6	cos-	接 BSG 电机 cos-
	7	cos+	接 BSG 电机 cos+
	8	旋转变压器屏蔽地	BSG 电机控制器屏蔽接地
	9	EXOUT-	接 BSG 电机 EXOUT-
	10	EXOUT+	接 BSG 电机 EXOUT+
	11	CAN-H	接 ECM 网络
	12	电机温度信号	接 BSG 电机绕组温度信号线
	13	12 V	IG4 继电器
	14	12 V	IG4 继电器
	15	CAN-L	接 ECM 网络
	16	电机温度接地	接 BSG 电机绕组温度传感器地线
	17	GND	BSG 电机控制器内部接地
	18	GND	BSG 电机控制器内部接地
	19	CAN 屏蔽地	BSG 电机控制器屏蔽接地
A72	1	电机温度接地	接 BSG 电机控制器温度接地
	2	电机温度信号	BSG 电机控制器温度信号
	3	EXOUT-	接 BSG 电机控制器 EXOUT-
	4	EXOUT+	接 BSG 电机控制器 EXOUT+
	5	cos-	接 BSG 电机控制器 cos-
	6	cos+	接 BSG 电机控制器 cos+
	7	sin+	接 BSG 电机控制器 sin+
	8	sin-	接 BSG 电机控制器 sin-

 技能实训

 一、实训规则

1. 目的

为了规范实训教学，提供良好的实训环境，使实训教学安全、高效、有序地进行，特制定本规则。

2. 规则

（1）学生要履行道德准则和行为规范，做到遵纪守法、诚实守信、文明礼貌、热爱劳动。

（2）实训时，着装要整齐，摘掉戒指、手表、项链等物品，长发应盘起固定于脑后。

（3）学生要做到上课不迟到、不早退；有事要请假。

（4）学生要认真学习知识，掌握操作工艺和安全规程。

（5）学生要有集体意识和团队合作精神，听从教师指导，服从工位分配。

（6）学生要有安全意识和质量意识，严格遵守操作规范，发扬工匠精神，保质保量按时完成实训任务。

（7）学生要有环保意识，要爱护仪器设备和公共设施，要节约材料，时刻保持实训场地整洁美观。

（8）学生在实训中，要有自我管理能力和职业规划的意识，要互教互学、取长补短。

（9）学生应严格执行管理规范，下课前整理仪器设备、清理卫生、切断电源、关好门窗，经教师同意后方可离开实训场地。

二、实训注意事项

（1）对 BSG 电机控制系统等高压系统进行实训时，必须严格按照高压安全注意事项操作。

①在对高压设备进行实训时，必须设立专职监护人，由监护人指挥操作。

②操作人员需穿戴绝缘服、绝缘手套、绝缘鞋、护目镜等绝缘防护品。

③点火开关必须处于 OFF 状态，钥匙妥善保管；断开车辆或设备的辅助蓄电池，静置 10 min 以上；拔下维修开关并妥善保管（没有维修开关的车型可省略这一步）。

④维护或检修高压部件需使用专用绝缘工具。

⑤断开高压部件后，立即用绝缘胶带封堵被断开的高压线束连接器。

⑥禁止正、负极线路对接，避免正极或负极经人体接地。

⑦高压系统在检修完毕后，需由监护人检查并确认能够上电。

⑧在实训场地放置灭火器，注意不能使用水基灭火器。

（2）当使用专用实训设备进行实训时，必须严格按照设备操作流程进行实训。

①进行实训前，首先勘察实训场地，是否有漏电、火灾、摔倒、中毒等风险。

②在操作实训设备前，首先检查设备是否损伤，设备线路是否连接完好。

③实训设备开机后，需等设备运转平稳，然后操作设备。

④操作设备时，应正确使用工具，严禁暴力拆装，胡乱跨接测量。

⑤实训过程中，要团队协作，制订计划，明确分工。

⑥使用万用表测量时，必须选对测量挡位及量程，以免影响测量结果或损坏万用表。

⑦使用诊断仪诊断故障时，确保诊断线路连接可靠，车辆电源开关处于ON挡状态。

三、故障检测流程

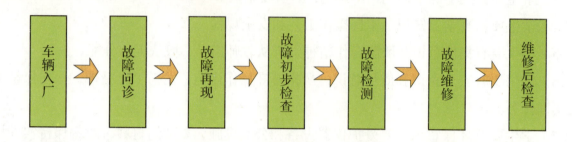

车辆入厂 ➡ 故障问诊 ➡ 故障再现 ➡ 故障初步检查 ➡ 故障检测 ➡ 故障维修 ➡ 维修后检查

四、BSG 电机转速 / 位置传感器电路故障诊断

本书中"BSG 电机转速 / 位置传感器电路故障诊断任务"以"混合动力汽车驱动电机控制实训教学系统"（图 1-41）为载体，开展对混合动力 BSG 电机电控系统的实训。完成 BSG 电机电控系统结构原理认知、检查维护与故障检测等理实一体化教学。

BSG 电机转速 / 位置传感器电路故障诊断

1. 任务准备

◇ 操作设备：混合动力汽车驱动电机控制实训教学系统。

◇ 工具 / 材料：万用表、探针、跨接线、诊断仪、示波器、绝缘服、绝缘手套、绝缘鞋、护目镜。

◇ 人员分工：组长 1 名、记录人员 2 名、检验员 2 名、操作人员若干，以上角色可通过选举、抽签或老师指定等方式担任，通过多个任务的训练，争取让每个学生轮流担任不同角色，以提升学生的综合素质。

◇ 实训场地：混合动力汽车实训实验室。

2. 任务实施

在实训时，要有安全意识、质量意识、环保意识。实训过程中，要勇于创新，发扬精益求精的工匠精神。

（1）老师要组织研讨会，探讨实训台架高压的危害及实训台架安全操作的方法。

（2）实训任务前，需连接混合动力汽车 6 个实训台架。

注意：台架组装期间，严禁操作人员之外的人员接近台架。

①操作人员穿戴绝缘服、绝缘手套、绝缘鞋、护目镜等绝缘套装。

②确认 6 合 1 混合动力汽车实训台架的辅助蓄电池负极端子断开。

③操作人员连接 6 个混合动力实训台架之间的连接线路。

④确认台架之间的线路连接正确，并连接辅助蓄电池负极端子。

⑤操作人员操作实训台架的电源开关，确定混合动力汽车实训台架工作正常。

（3）给实训中不需要操作的实训台架周围设置防护栏。

故障检测前防护

个人防护： 维修人员穿好工装、戴好手套

故障检测

第一步： 故障再现

（1）踩下制动踏板，按下电源开关，起动实训台	（2）仪表上主警告指示灯点亮；中央信息栏显示：请检查发电系统。确认故障现象后，关闭电源开关
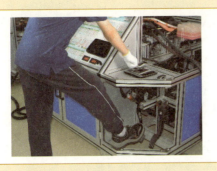	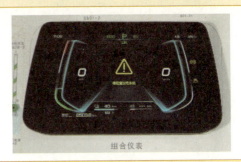 组合仪表

第二步： 故障初步检查

（1）连接诊断仪，将电源开关打开到 ON 挡	（2）使用诊断仪检测故障码。发现当前故障码：P180B00，旋变故障；P180C00，旋变 DOS；P180D00，旋变 LOT。此故障的含义是，电机转速 / 位置传感器电路故障
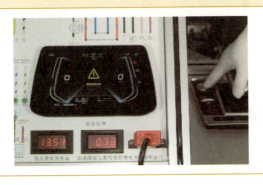	

（3）可能造成故障的原因有：

①BSG 电机转速／位置传感器本体故障。②BSG 电机转速／位置传感器线路故障。③BSG 电机控制器故障

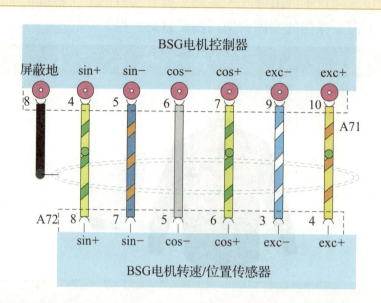

第三步：故障检测

（1）根据故障可能原因分析，使用示波器按下表测量传感器的励磁波形、正弦波形和余弦波形。

步骤	测量内容	探针连接	接地连接	规定状态
①	励磁波形	A71-10	A71-9	交流电压
②	正弦波形	A71-4	A71-5	交流电压
③	余弦波形	A71-7	A71-6	交流电压

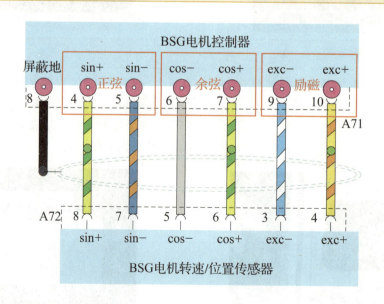

①测量传感器的励磁波形。将示波器任一通道探头的接地端连接到 BSG 电机控制器 A71-9 号针脚；探针连接到 A71-10 号针脚，示波器上应该显示频率固定的交流电压波型	③测量传感器的余弦电压。将示波器通道 2 探头的接地端连接到 A71-6 号针脚；探针连接到 A71-7 号针脚，示波器上应该显示相位固定的余弦交流电压波型

②测量传感器的正弦波形。将示波器通道 1 探头的接地端连接到 A71-5 号针脚；探针连接到 A71-4 号针脚，示波器上应该显示相位固定的正弦交流电压波型	④正弦波形和余弦波形相位应相差 90°，幅值成相反的关系，既一个幅值变大时，另一个幅值变小；反之亦然
	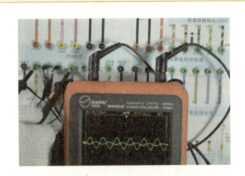

（2）单击关闭电源开关，使车辆变为 OFF 挡状态。断开辅助蓄电池的负极导线，并等候 5 min

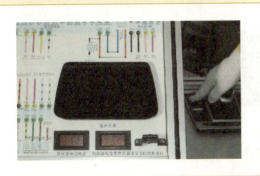 

（3）断开 BSG 电机控制器插接器 A71，按下表测量 BSG 电机转速 / 位置传感器的电阻。

步骤	测量内容	万用表连接	规定状态 /Ω
①	励磁绕组	A71-9 ~ A71-10	16.9~20.7
②	正弦绕组	A71-4 ~ A71-5	52.9~64.7
③	余弦绕组	A71-6 ~ A71-7	50.2~61.3

BSG电机控制器

屏蔽地	sin+	sin-	cos-	cos+	exc-	exc+
8	4	5	6	7	9	10

A71

A72 8   7   5   6   3   4

| sin+ | sin- | cos- | cos+ | exc- | exc+ |

BSG电机转速/位置传感器

①测量 BSG 电机转速 / 位置传感器励磁绕组的电阻。万用表开关转到电阻挡，使用红表笔连接 A71-10 号针脚，黑表笔连接 A71-9 号针脚，正常电阻应在 16.9~20.7 Ω

②测量 BSG 电机转速 / 位置传感器正弦绕组的电阻。使用万用表的红表笔连接 A71-4 号针脚，黑表笔连接 A71-5 号针脚，正常电阻应在 52.9~64.7 Ω

③测量 BSG 电机转速 / 位置传感器余弦绕组的电阻。使用万用表的红表笔连接 A71-6 号针脚，黑表笔连接 A71-7 号针脚，正常电阻应在 50.2~61.3 Ω

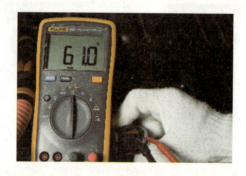

（4）断开 BSG 电机控制器插接器 A72，按照下表测量 BSG 电机转速 / 位置传感器两条励磁线路的电阻。

步骤	测量内容	万用表连接	规定状态 /Ω
①	励磁 + 线路	A71-10 ~ A72-4	<1
②	励磁 - 线路	A71-9 ~ A72-3	<1

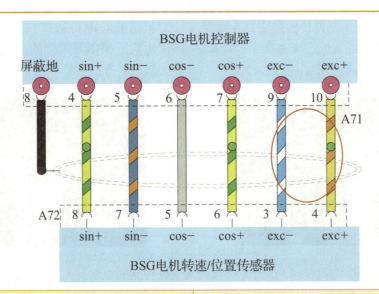

①测量 BSG 电机转速 / 位置传感器励磁 + 线路的电阻。使用万用表的红表笔连接 A71–10 号针脚，黑表笔连接 A72–4 号针脚，正常电阻应 <1 Ω

②测量 BSG 电机转速 / 位置传感器励磁 – 线路的电阻。使用万用表的红表笔连接 A71–9 号针脚，黑表笔连接 A72–3 号针脚，正常电阻应 <1 Ω

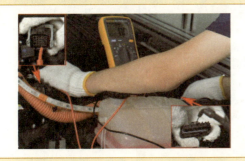

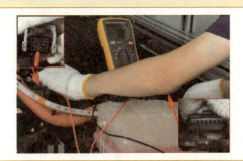

（5）按照下表测量 BSG 电机转速 / 位置传感器两条正弦线路的电阻。

步骤	测量内容	万用表连接	规定状态 /Ω
①	正弦 + 线路	A71–4 ~ A72–8	<1
②	正弦 – 线路	A71–5 ~ A72–7	<1

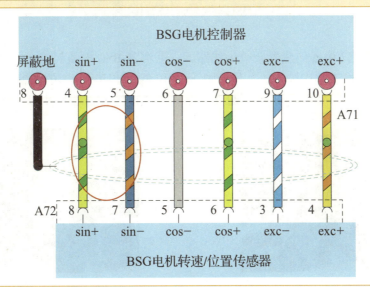

①测量 BSG 电机转速 / 位置传感器正弦 + 线路的电阻。使用万用表的红表笔连接 A71-4 号针脚，黑表笔连接 A72-8 号针脚，正常电阻应 <1 Ω

②测量 BSG 电机转速 / 位置传感器的正弦 - 线路的电阻。使用万用表的红表笔连接 A71-5 号针脚，黑表笔连接 A72-7 号针脚，正常电阻应 <1 Ω

（6）按照下表测量 BSG 电机转速 / 位置传感器两条余弦线路的电阻。

步骤	测量内容	万用表连接	规定状态 /Ω
①	余弦 + 线路	A71-7 ~ A72-6	<1
②	余弦 - 线路	A71-6 ~ A72-5	<1

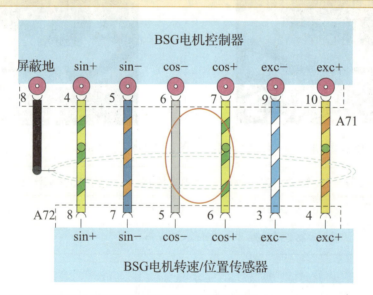

①测量 BSG 电机转速 / 位置传感器余弦 + 线路的电阻。使用万用表的红表笔连接 A71-7 号针脚，黑表笔连接 A72-6 号针脚，正常电阻应 <1 Ω

②测量 BSG 电机转速 / 位置传感器余弦 - 线路的电阻。使用万用表的红表笔连接 A71-6 号针脚，黑表笔连接 A72-5 号针脚，正常电阻应 <1 Ω

（7）经检测发现 BSG 电机转速 / 位置传感器励磁 + 线路存在断路故障

第四步：故障维修

维修故障线束，更换相关配件

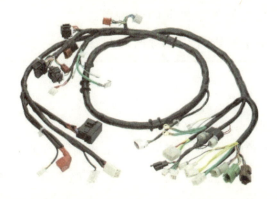

第五步：维修后检查

操作电源开关，起动实训台，检查故障现象是否消失。使用诊断仪再次进行诊断，确定故障排除

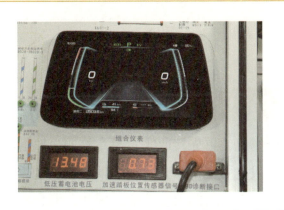

3. 任务评价

完成实训任务后，对任务完成情况进行评价。

任务四 驱动电机控制系统的诊断

任务目标

◇ 能够识读驱动电机控制系统的电路图。
◇ 熟悉驱动电机控制系统部件插接器的针脚定义。
◇ 能够对驱动电机控制系统进行故障诊断与排除。

情景导入

　　杨先生有一辆混合动力汽车，今天驾驶汽车上班时，发现仪表中有故障灯点亮，中心位置显示"EV 功能受限"，他单击 EV 模式开关，发现车辆不能切换到 EV 模式，于是将车辆开到维修店检修。假如你是一名汽车维修技师，是否有足够的技能，帮助杨先生修好车辆。接下来，请继续获取该系统的知识和技能吧。

应知应会

一、驱动电机控制系统电路识读

　　混合动力汽车的驱动电机控制系统通常有两个作用，首先接收来自整车控制电路的各种信号，控制驱动电机的工作状态，实现驱动车轮、发电等工况；其次，驱动电机控制系统还具有 DC/DC 转换的功能，用于把高压直流电转换为 12 V 的低压直流电。因此，混合动力汽车的驱动电机控制系统电路可分为驱动电机控制电路和 DC/DC 转换电路。

1. 驱动电机控制电路识读

　　如图 1-56 所示，下面以 2019 款比亚迪秦混合动力汽车驱动电机控制系统的电路图为例，识读驱动电机控制电路。驱动电机控制电路的工作过程为：当按下电源开关起动车辆，驱动电机控制器通电开始工作，它通过 CAN 网络与其他控制模块通信，接收控制信息，并将自身工作状态发送到 CAN 网络；通过驱动电机内部的转速位置传感器和温度传感器获取电机的运转状态。当驱动电机控制器从整车控制模块接收到驱动信号时，便将输入的直流高压电转换为三相交流高压电输送给驱动电机，使驱动电机运转带动车轮转动；当驱动电机控制器从 CAN 网络接收到发电命令时，驱动电机将车轮动能转化为电能，由驱动电机控制器整流、变压输送给动力电池进行充电。

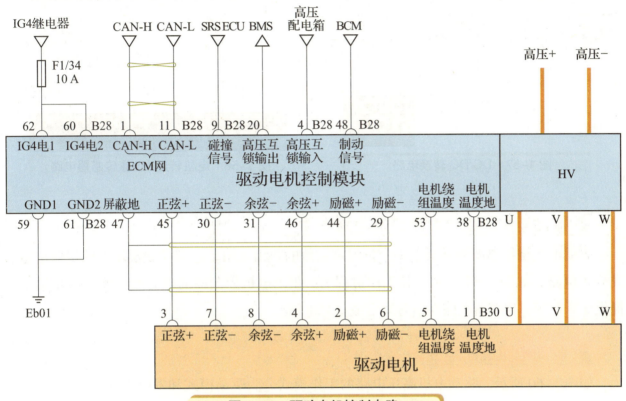

图 1-56　驱动电机控制电路

⒉ DC/DC 转换电路识读

如图 1-57 所示，DC/DC 转换电路的工作过程为：动力蓄电池的主接触器处于吸合状态时，驱动电机控制器内的 DC/DC 转换电路就开始工作，它通过 CAN 网络与整车控制模块通信，接收控制信息，将高压直流电转换为 12 V 的低压直流电输送给低压电路和辅助蓄电池。

⒊ 电机转速／位置传感器电路识读

驱动电机转速／位置传感器与 BSG 电机转速／位置传感器相同，为旋转变压器，它的电路如图 1-58 所示。工作过程为：驱动电机控制模块给励磁电路提供交流电压，使传感器工作，传感器的正弦电路和余弦电路通过电磁感应产生交流电压发送给驱动电机控制器。正弦交流电压和余弦交流电压随着转子的角度变化而变化，指示转子的转角和转速。

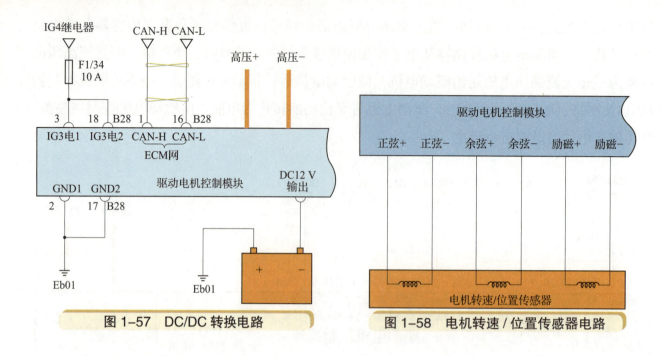

图 1-57 DC/DC 转换电路

图 1-58 电机转速/位置传感器电路

4. 驱动电机绕组温度传感器电路识读

驱动电机绕组温度传感器是一个负温度系数的热敏电阻，它与控制模块内的定值电阻形成分压电路，如图 1-59 所示。其工作过程为：驱动电机控制器通电开始工作，模块给电路提供 5 V 电压，传感器电路在信号端形成信号电压。

5. 驱动电机高压电路识读

如图 1-60 所示，驱动电机高压电路的工作模式分为驱动模式和发电模式。

驱动模式工作过程：驱动电机控制器将高压直流电，转变为三相高压交流电输送给驱动电机，使电机运转。发电模式工作过程：驱动电机将车轮的动能转化为高压交流电，三相高压交流电经过电机控制模块整流成高压直流电输送给动力蓄电池。

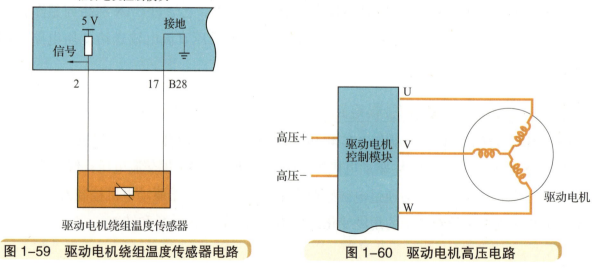

图 1-59 驱动电机绕组温度传感器电路

图 1-60 驱动电机高压电路

二、驱动电机控制系统部件插接器针脚介绍

本课程以 2019 款比亚迪秦混合动力汽车驱动电机控制系统的部件为例，介绍驱动电机控制系统的针脚。驱动电机控制系统的重要插接器有驱动电机控制器插接器 B28 和驱动电机插接器 B30，如图 1-61 所示。其插接器针脚介绍如表 1-6 所示。

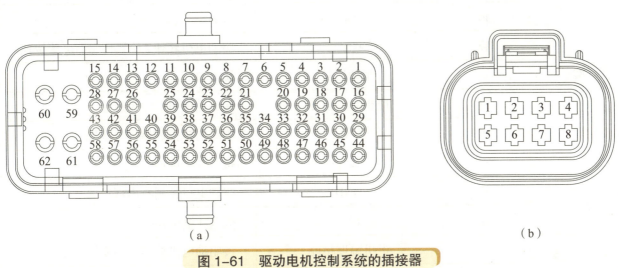

（a）　　　　　　　　　　　　　　　　　　　　　　（b）

图 1-61　驱动电机控制系统的插接器

（a）B28；（b）B30

表 1-6　驱动电机控制系统部件插接器针脚介绍

插接器	针脚号	针脚定义	线束连接
B28	1	CAN-H	接网关
	2	DC 接地	DC/DC 转换器内部接地
	3	12 V	接 IG3 继电器
	4	高压互锁信号输入	接高压配电箱
	9	碰撞信号	接 SRS ECU
	16	CAN-L	接网关
	17	DC 接地	DC/DC 转换器内部接地
	18	12 V	接 IG3 继电器
	20	高压互锁输出信号	接 BMS
	29	励磁 –	接驱动电机励磁 –
	30	正弦 –	接驱动电机正弦 –
	31	余弦 –	接驱动电机余弦 –
	36	CAN-L	接网关
	37	CAN-H	接网关

续表

插接器	针脚号	针脚定义	线束连接
B28	38	电机温度接地	接驱动电机绕组温度传感器地线
	44	励磁 +	接驱动电机励磁 +
	45	正弦 +	接驱动电机正弦 +
	46	余弦 +	接驱动电机余弦 +
	47	GND	驱动电机转速 / 位置传感器屏蔽接地
	48	制动信号	接 BCM
	53	电机温度信号	接驱动电机绕组温度信号线
	59	GND	驱动电机控制器内部接地
	60	12 V	接 IG4 继电器
	61	GND	驱动电机控制器内部接地
	62	12 V	接 IG4 继电器
B30	1	电机温度接地	接驱动电机控制器温度接地
	2	励磁 +	接驱动电机控制器励磁 +
	3	正弦 +	接驱动电机控制器正弦 +
	4	余弦 +	接驱动电机控制器余弦 +
	5	电机温度信号	接驱动电机控制器温度信号
	6	励磁 –	接驱动电机控制器励磁 –
	7	正弦 –	接驱动电机控制器正弦 –
	8	余弦 –	接驱动电机控制器余弦 –

 技能实训

 一、实训规则 ≫

Ⅰ. 目的

为了规范实训教学，提供良好的实训环境，使实训教学安全、高效、有序地进行，特制定本规则。

2. 规则

（1）学生要履行道德准则和行为规范，做到遵纪守法、诚实守信、文明礼貌、热爱劳动。

（2）实训时，着装要整齐，摘掉戒指、手表、项链等物品，长发应盘起固定于脑后。

（3）学生要做到上课不迟到、不早退；有事要请假。

（4）学生要认真学习知识，掌握操作工艺和安全规程。

（5）学生要有集体意识和团队合作精神，听从教师指导，服从工位分配。

（6）学生要有安全意识和质量意识，严格遵守操作规范，发扬工匠精神，保质保量按时完成实训任务。

（7）学生要有环保意识，要爱护仪器设备和公共设施，要节约材料，时刻保持实训场地整洁美观。

（8）学生在实训中，要有自我管理能力和职业规划的意识，要互教互学、取长补短。

（9）学生应严格执行管理规范，下课前整理仪器设备、清理卫生、切断电源、关好门窗，经教师同意后方可离开实训场地。

二、实训注意事项

（1）对驱动电机控制系统等高压部件进行实训时，必须严格按照高压安全注意事项操作。

①在对高压设备进行实训时，必须设立专职监护人，由监护人指挥操作。

②操作人员需穿戴绝缘服、绝缘手套、绝缘鞋、护目镜等绝缘防护品。

③点火开关必须处于 OFF 状态，钥匙妥善保管；断开车辆或设备的辅助蓄电池，静置 10 min 以上；拔下维修开关并妥善保管（没有维修开关的车型可省略这一步）。

④维护或检修高压部件需使用专用绝缘工具。

⑤断开高压部件后，立即用绝缘胶带封堵被断开的高压线束连接器。

⑥禁止正、负极线路对接，避免正极或负极经人体接地。

⑦高压系统在检修完毕后，需由监护人检查并确认能够上电。

⑧在实训场地放置灭火器，注意不能使用水基灭火器。

（2）当使用专用实训设备进行实训时，必须严格按照设备操作流程进行实训。

①进行实训前，首先勘察实训场地，是否有漏电、火灾、摔倒、中毒等风险。

②在操作实训设备前，首先检查设备是否损伤，设备线路是否连接完好。

③实训设备开机后，需等设备运转平稳，然后操作设备。

④操作设备时，应正确使用工具，严禁暴力拆装，胡乱跨接测量。

⑤实训过程中，要团队协作，制订计划，明确分工。

⑥使用万用表测量时，必须选对测量挡位及量程，以免影响测量结果或损坏万用表。

⑦使用诊断仪诊断故障时，确保诊断线路连接可靠，车辆电源开关处于ON挡状态。

三、故障检测流程

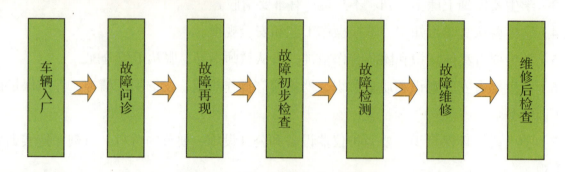

车辆入厂 → 故障问诊 → 故障再现 → 故障初步检查 → 故障检测 → 故障维修 → 维修后检查

四、驱动电机控制器通信故障诊断

本书中"驱动电机控制器通信故障诊断任务"以"混合动力汽车驱动电机控制实训教学系统"（图1-41）为载体，开展对混合动力汽车驱动电机电控系统的实训。完成驱动电机电控系统结构原理认知、检查维护与故障检测等理实一体化教学。

驱动电机控制器通信故障诊断

1. 任务准备

◇ 操作设备：混合动力汽车驱动电机控制实训教学系统。

◇ 工具 / 材料：万用表、探针、跨接线、诊断仪、示波器、绝缘服、绝缘手套、绝缘鞋、护目镜。

◇ 人员分工：组长1名、记录人员2名、检验员2名、操作人员若干，以上角色可通过选举、抽签或老师指定等方式担任，通过多个任务的训练，争取让每个学生轮流担任不同角色，以提升学生的综合素质。

◇ 实训场地：混合动力汽车实训实验室。

2. 任务实施

在实训时，要有安全意识、质量意识、环保意识。实训过程中，要勇于创新，发扬精益求精的工匠精神。

（1）老师要组织研讨会，探讨实训台架高压的危害及实训台架安全操作的方法。

（2）实训任务前，需连接混合动力汽车6个实训台架。

注意：台架组装期间，严禁操作人员之外的人员接近台架。

①操作人员穿戴绝缘服、绝缘手套、绝缘鞋、护目镜等绝缘套装。

②确认 6 合 1 混合动力汽车实训台架的辅助蓄电池负极端子断开。

③操作人员连接 6 个混合动力实训台架之间的连接线路。

④确认台架之间的线路连接正确，并连接辅助蓄电池负极端子。

⑤操作人员操作实训台架的电源开关，确定混合动力汽车实训台架工作正常。

（3）给实训中不需要操作的实训台架周围设置防护栏。

故障检测前防护
个人防护: 维修人员穿好工装、戴好手套

故障检测

第一步: 故障再现	
（1）踩下制动踏板，按下电源开关，起动实训台，发动机直接起动	（2）仪表上，动力系统故障指示灯点亮；中央信息栏显示: EV 功能受限。确认故障现象后，关闭电源开关

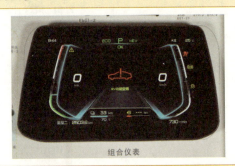

组合仪表

第二步: 故障初步检查

（1）连接诊断仪，然后操作电源开关进入 ON 挡状态

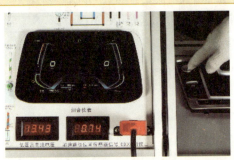

（2）使用诊断仪检测，发现驱动电机控制器无法通信。在整车控制模块内，发现故障码: U01A500，与前电机控制器通信故障

（3）可能造成故障的原因有：①驱动电机控制器电源线路故障。②驱动电机控制器接地线路故障。③驱动电机控制器通信线路故障。④驱动电机控制器故障

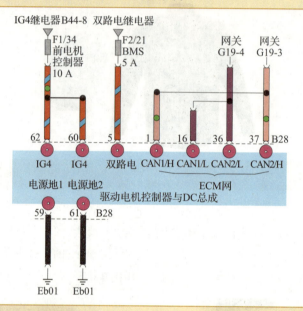

第三步： 故障检测

（1）根据故障原因分析，首先测量驱动电机控制器的 IG4 电源

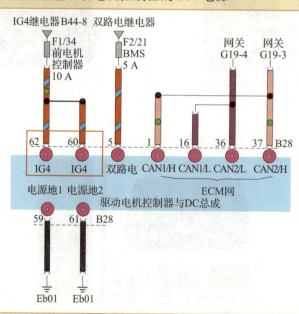

①测量驱动电机控制器的 IG4 电源。万用表开关旋到电压挡，使用黑表笔连接接地点，红表笔分别连接驱动电机控制器 B28-60 号针脚和 B28-62 号针脚。正常情况下，两个针脚的电压都应在 12 V 左右

②如果两个 IG4 电源的电压，任意一个有异常，表明相关电路存在断路或虚接故障

③如果两个 IG4 电源的电压都异常，则需要检查熔断丝 F1/34 及供电线路故障

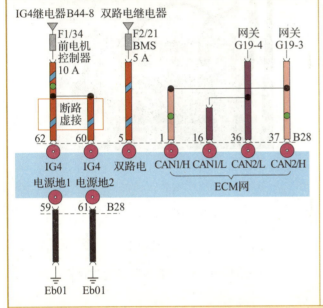

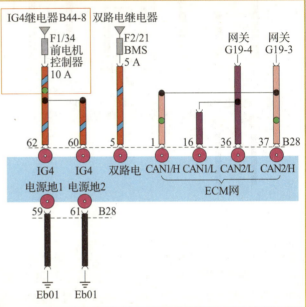

（2）测量驱动电机控制器双路电的电源。万用表黑表笔连接接地点，红表笔连接驱动电机控制器 B28-5 号针脚，正常电压应在 12 V 左右

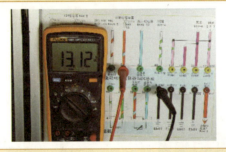

（3）测量驱动电机控制器的接地。万用表开关旋到电阻挡，使用黑表笔连接接地点，红表笔分别连接 B28-59 号针脚和 B28-61 号针脚。正常情况下，驱动电机控制器两个接地点的对地电阻都应 <1 Ω

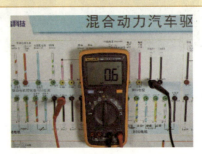

（4）测量驱动电机控制器两组 CAN 通信网络的波形

①测量驱动电机控制器 CAN1 通信线路的波形。将示波器两个探针的接地夹连接接地点，两个探针分别连接 B28-1 号针脚和 B28-16 号针脚。正常 CAN-H 波形的电压应在 2.5~3.5 V，CAN-L 波形的电压应在 1.5~2.5 V，且两个波形应对称分配

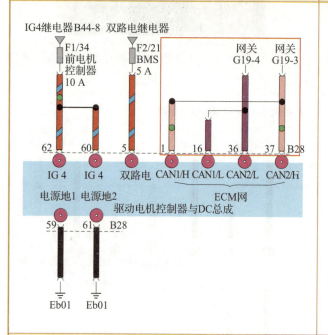

②测量驱动电机控制器 CAN2 通信线路的波形。将示波器两个探针的接地夹连接接地点，两个探针分别连接 B28-36 号针脚和 B28-37 号针脚。正常 CAN-H 波形的电压应在 2.5~3.5 V，CAN-L 波形的电压应在 1.5~2.5 V，且两个波形应对称分配

（5）如果 CAN1、CAN2 两组通信线路的波形有异常，需要测量 CAN 网络线路的终端电阻

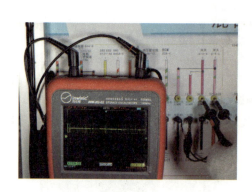
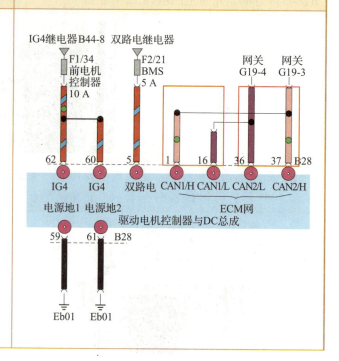

①关闭电源开关，断开蓄电池负极导线并等待 5 min。断开驱动电机控制器 B28 插接器

②测量驱动电机控制器 CAN1 通信线路的终端电阻。万用表开关旋到电阻挡，使用万用表的红、黑表笔分别连接 B28-1 号针脚和 B28-16 号针脚，正常电阻应为 120 Ω 左右

③测量驱动电机控制器 CAN2 通信线路的终端电阻。使用万用表的红、黑表笔分别连接 B28-36 号针脚和 B28-37 号针脚，正常电阻应为 120 Ω 左右

（6）经检测发现驱动电机控制器 CAN2 通信线路存在断路故障

第四步： 故障维修

维修故障线束，更换相关配件

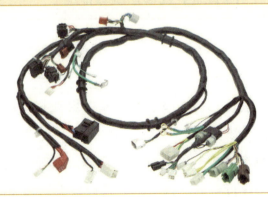

第五步：维修后检查	
（1）操作电源开关，起动车辆，检查故障现象是否存在	（2）使用诊断仪再次进行诊断，确定故障排除
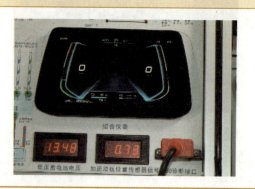	

3. 任务评价

完成实训任务后，对任务完成情况进行评价。

任务五　自动变速器控制系统的诊断

任务目标

◇ 熟悉自动变速器控制系统的电路图。

◇ 掌握自动变速器控制系统部件插接器的针脚定义。

◇ 能够对自动变速器控制系统进行故障诊断与排除。

情景导入

　　张先生下班后，准备驾驶自己的混合动力汽车回家。起动车辆时，他发现车辆不能进入 OK 挡，P 挡指示灯一直闪烁。张先生试着挂挡起步，发现车辆不能挂入 D 挡，车辆不能行驶。张先生只好联系拖车将车辆送到维修店检修。假如你是一名汽车维修技师，是否有足够的技能，帮助张先生修好车辆。接下来，请继续获取该系统的知识和技能吧。

应知应会

一、自动变速器控制系统电路识读

自动变速器是根据发动机的运行工况，自动进行换挡的设备。根据挡位信号的输入，自动变速器控制系统确定驾驶员的意图。车辆挂入 P 挡和空挡时，变速器切断动力传输。车辆挂入 D 挡时，自动变速器控制系统根据发动机的运转信息，自动升降挡，实现车辆的平稳行驶。

1. 自动变速器控制电路识读

如图 1-62 所示，下面以 2019 款比亚迪秦混合动力汽车自动变速器控制系统的电路图为例，识读自动变速器的控制电路。自动变速器控制电路的工作过程为：当按下电源开关起动车辆，变速器控制模块、挡位执行器和无刷电机控制器开始通电工作。变速器控制模块和挡位执行器通过 CAN 网络与其他控制模块通信。挡位执行器相当于传感器，驾驶员换挡时，它将换挡信号发送到 CAN 网络。变速器控制模块是控制器，它通过 CAN 网络获取挡位、发动机运转状态、整车控制等各种信号，通过运算得出变速器的控制数据，然后控制变速器实现升挡、降挡，离合器接合、分离，挂入倒挡等功能。无刷电机控制器通过串行数据线与变速器控制模块连接，它有两个功能：首先，给变速器控制模块提供电源，保证变速器控制模块的工作；其次它从串行数据线获取 P 挡控制数据，控制变速器电机工作，实现 P 挡锁止和解锁功能。

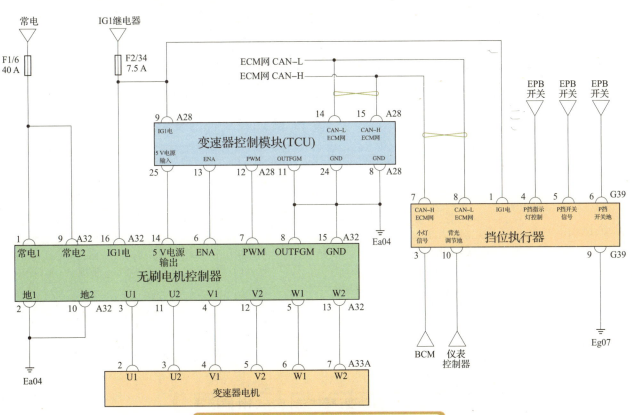

图 1-62　自动变速器控制电路

2. P挡锁止电路识读

如图 1-63 所示,P挡锁止电路的工作过程为:电源开关打开后,无刷电机控制器通电开始工作,当接收到锁止/解锁信号时,它通过 U1/U2、V1/V2、W1/W2 这 3 组线圈电路给变速器电机通电,使电机工作,锁止/解锁 P 挡。

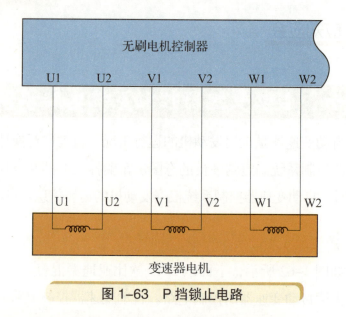

图 1-63　P挡锁止电路

二、自动变速器控制系统部件插接器针脚介绍

本课程以 2019 款比亚迪秦混合动力汽车自动变速器控制系统的部件为例,介绍自动变速器控制系统的插接器针脚。

自动变速器控制系统主要部件插接器有:挡位执行器插接器 G39、无刷电机控制器插接器 A32、变速器控制模块插接器 A28、变速器电机插接器 A33A,如图 1-64 所示。各部件插接器针脚定义如表 1-7 所示。

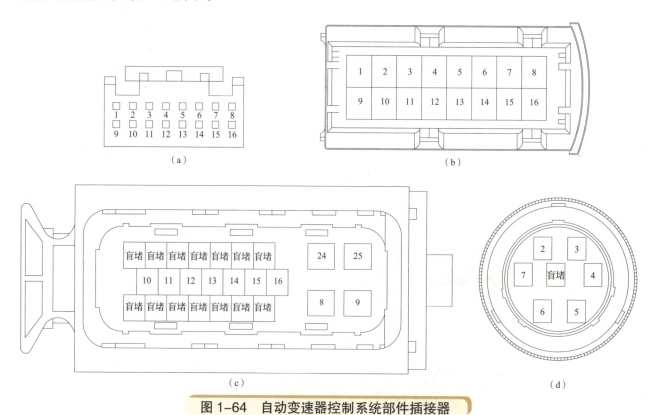

图 1-64　自动变速器控制系统部件插接器

（a）G39；（b）A32；（c）A28；（d）A33A

表 1-7　自动变速器控制系统部件插接器针脚介绍

插接器	针脚号	针脚定义	线束连接
G39	1	12 V	接 IG1 继电器输出
	3	小灯信号	接背光灯电源
	4	P 挡指示灯电源控制	接 P 挡开关指示灯
	5	P 挡信号	接 P 挡开关信号
	6	接地	接 P 挡开关地
	7	CAN-H	接 ECM 网
	8	CAN-L	接 ECM 网
	9	接地	挡位执行器功率地
	10	背光灯调节地	接背光灯调节开关
A28	8	接地	变速器控制模块地线
	9	12 V	接 IG 继电器
	11	OUTFGM	变速器控制模块内部接地
	12	PWM	接无刷电机控制器的串行数据线
	13	ENA	接无刷电机控制器
	14	CAN-L	接 ECM 网
	15	CAN-H	接 ECM 网
	24	接地	变速器控制模块内部接地
	25	5 V	接无刷电机控制器 5 V 电源
A32	1	12 V	接常电源输出
	2	接地	无刷电机控制器内部接地
	3	U1	接变速器电机线圈接线 U1
	4	V1	接变速器电机线圈接线 V1
	5	W1	接变速器电机线圈接线 W1
	6	OUTFGM	变速器控制模块内部接地
	7	PWM	接变速器控制模块的串行数据线
	8	ENA	接变速器控制模块
	9	12 V	接常电源输出
	10	接地	无刷电机控制器内部接地
	11	U2	接变速器电机线圈接线 U2
	12	V2	接变速器电机线圈接线 V2
	13	W2	接变速器电机线圈接线 W2
	14	5 V	无刷电机控制器 5 V 电源输出
	15	GND	无刷电机
	16	12 V	接 IG1 继电器输出
A33A	2	U1	接无刷电机控制器 U1
	3	U2	接无刷电机控制器 U2
	4	V1	接无刷电机控制器 V1
	5	V2	接无刷电机控制器 V2
	6	W1	接无刷电机控制器 W1
	7	W2	接无刷电机控制器 W2

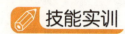

✏️ 技能实训

一、实训规则

1. 目的

为了规范实训教学，提供良好的实训环境，使实训教学安全、高效、有序地进行，特制定本规则。

2. 规则

（1）学生要履行道德准则和行为规范，做到遵纪守法、诚实守信、文明礼貌、热爱劳动。

（2）实训时，着装要整齐，摘掉戒指、手表、项链等物品，长发应盘起固定于脑后。

（3）学生要做到上课不迟到、不早退；有事要请假。

（4）学生要认真学习知识，掌握操作工艺和安全规程。

（5）学生要有集体意识和团队合作精神，听从教师指导，服从工位分配。

（6）学生要有安全意识和质量意识，严格遵守操作规范，发扬工匠精神，保质保量按时完成实训任务。

（7）学生要有环保意识，要爱护仪器设备和公共设施，要节约材料，时刻保持实训场地整洁美观。

（8）学生在实训中，要有自我管理能力和职业规划的意识，要互教互学、取长补短。

（9）学生应严格执行管理规范，下课前整理仪器设备、清理卫生、切断电源、关好门窗，经教师同意后，方可离开实训场地。

二、实训注意事项

（1）在混合动力汽车高压设备附近进行实训时，必须严格按照高压安全注意事项操作。

①在对高压设备进行实训时，必须设立专职监护人，由监护人指挥操作。

②操作人员需穿戴绝缘服、绝缘手套、绝缘鞋、护目镜等绝缘防护品。

③点火开关必须处于 OFF 状态，钥匙妥善保管；断开车辆或设备的辅助蓄电池，静置 10 min 以上；拔下维修开关并妥善保管（没有维修开关的车型可省略这一步）。

④维护或检修高压部件需使用专用绝缘工具。

⑤断开高压部件后，立即用绝缘胶带封堵被断开的高压线束连接器。

⑥禁止正、负极线路对接，避免正极或负极经人体接地。

⑦高压系统在检修完毕后，需由监护人检查并确认能够上电。

⑧在实训场地放置灭火器，注意不能使用水基灭火器。

（2）当使用专用实训设备进行实训时，必须严格按照设备操作流程进行实训。

①进行实训前，首先勘察实训场地，是否有漏电、火灾、摔倒、中毒等风险。

②在操作实训设备前，首先检查设备是否损伤，设备线路是否连接完好。

③实训设备开机后，需等设备运转平稳，然后操作设备。

④操作设备时，应正确使用工具，严禁暴力拆装，胡乱跨接测量。

⑤实训过程中，要团队协作，制订计划，明确分工。

⑥使用万用表测量时，必须选对测量挡位及量程，以免影响测量结果或损坏万用表。

⑦使用诊断仪诊断故障时，确保诊断线路连接可靠，车辆电源开关处于 ON 挡状态。

三、故障检测流程

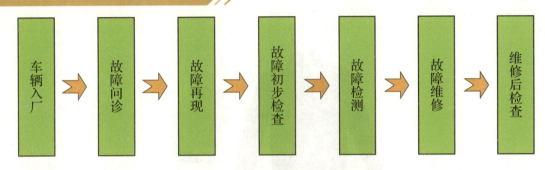

车辆入厂 ➡ 故障问诊 ➡ 故障再现 ➡ 故障初步检查 ➡ 故障检测 ➡ 故障维修 ➡ 维修后检查

四、变速器控制模块电源故障诊断

本书中"变速器控制模块电源故障诊断任务"以"混合动力汽车驱动电机控制实训教学系统"（图 1-41）为载体，开展对混合动力自动变速器控制系统的实训。完成自动变速控制系统结构原理认知、检查维护与故障检测等理实一体化教学。

变速器控制
模块电源故
障诊断

1. 任务准备

◇ 操作设备：混合动力汽车驱动电机控制系统实训教学系统。

◇ 工具 / 材料：万用表、探针、跨接线、诊断仪、示波器、绝缘服、绝缘鞋、绝缘手套、护目镜。

◇ 人员分工：组长 1 名、记录人员 2 名、检验员 2 名、操作人员若干，以上角色可通过选举、抽签或老师指定等方式担任，通过多个任务的训练，争取让每个学生轮流担任不同角色，以提升学生的综合素质。

◇ 实训场地：混合动力汽车实训实验室。

2. 任务实施

在实训时，要有安全意识、质量意识、环保意识。实训过程中，要勇于创新，发扬精益求精的工匠精神。

（1）老师要组织研讨会，探讨实训台架高压的危害及实训台架安全操作的方法。

（2）实训任务前，需连接混合动力汽车6个实训台架。

注意：台架组装期间，严禁操作人员之外的人员接近台架。

①操作人员穿戴绝缘服、绝缘手套、绝缘鞋、护目镜等绝缘套装。

②确认6合1混合动力汽车实训台架的辅助蓄电池负极端子断开。

③操作人员连接6个混合动力实训台架之间的连接线路。

④确认台架之间的线路连接正确，并连接辅助蓄电池负极端子。

⑤操作人员操作实训台架的电源开关，确定混合动力汽车实训台架工作正常。

（3）给实训中不需要操作的实训台架周围设置防护栏。

故障检测
个人防护：维修人员穿好工装、戴好手套

第一步：故障再现	
（1）踩下制动踏板，单击电源开关，起动实训台	（2）仪表上显示的实训台无法进入 OK 挡，仪表上的挡位指示灯一直闪烁

 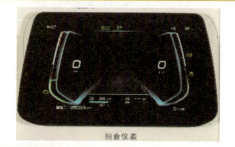

（3）操作挂挡杆，无法挂入其他挡位。确认故障现象后，关闭电源开关

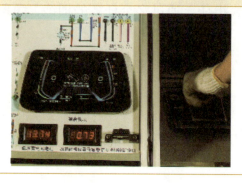

第二步：故障初步检查

（1）将电源开关打开到 ON 挡，连接诊断仪	（2）使用诊断仪检测故障码。发现当前故障码：U010100，与 TCU 通信故障。此故障的含义是变速器控制模块无法通信

（3）可能造成故障的原因有：①变速器控制模块电源或接地线路故障。②变速器控制模块故障。③变速器控制模块通信线路故障

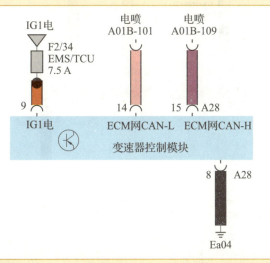

第三步：故障检测

（1）根据故障原因分析，首先测量变速器控制模块的电源电压	①关闭电源开关到 OFF 挡，拔下变速器模块插接器 A28
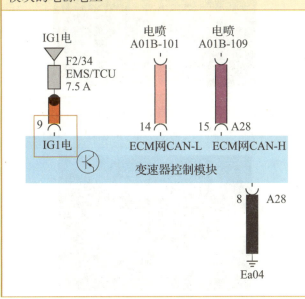	

②单击电源开关，使实训台架进入 ON 挡状态	③万用表开关旋转到电压挡，黑表笔连接接地点，红表笔连接变速器控制模块的 A28-9 号针脚，正常的电压应在 12 V 左右

（2）如果变速器控制模块的电源异常，则需要检查熔断丝 F2/34 及供电电路

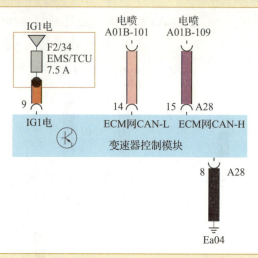

①使用万用表的黑表笔连接接地点，红表笔分别连接熔断丝 F2/34 供电端和输出端的测试点，两个测试点的电压都应在 12 V 左右。如果熔断丝供电端电压正常，输出端电压异常，表明熔断丝 F2/34 烧蚀；如果熔断丝供电端和输出端的电压都异常，表明熔断丝 F2/34 供电线路故障

②如果熔断丝 F2/34 烧蚀，则需要测量熔断丝 F2/34 输出电路是否对地短路。关闭电源开关，万用表开关旋转到电阻挡，使用红、黑表笔分别连接熔断丝 F2/34 的输出端和接地点，正常电阻应 >10 kΩ

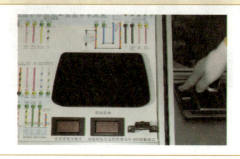	

③如果熔断丝 F2/34 供电正常，则需要测量熔断丝 F2/34 的输出端与变速器模块间的供电线路。使用万用表的红、黑表笔分别连接熔断丝 F2/34 输出端和变速器模块 A28-9 号针脚，正常电阻应 <1 Ω

（3）测量变速器控制模块的接地线

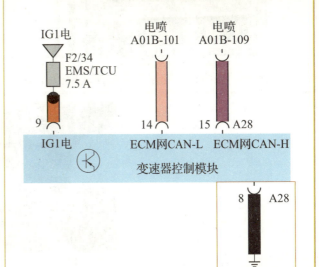

①万用表开关旋转到电阻挡，红、黑表笔分别连接变速器控制模块的 A28-8 号针脚和接地点，测得的数值应 <1 Ω

（4）使用示波器测量变速器控制模块 CAN 总线的波形

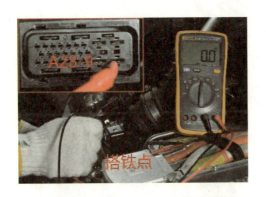

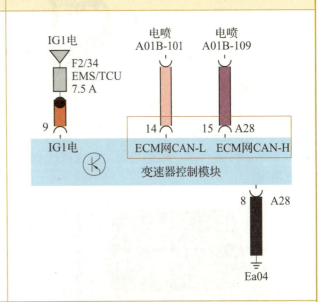

①电源开关打开到 ON 挡

②示波器两个探头的接地夹连接到接地点，两个探针分别连接变速器控制模块的 A28-14 号针脚和 A28-15 号针脚。正常 CAN-L 的电压波形应在 1.5~2.5 V 变化；CAN-H 的电压波形应在 2.5~3.5 V 变化，且两个电压对称分布

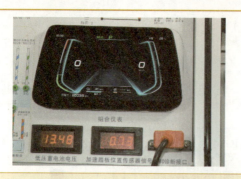

（5）经万用表测得，变速器控制模块电源线路存在断路，导致变速器控制模块无法通信故障

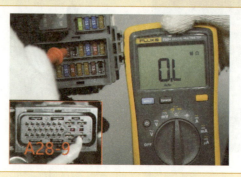

第四步： 故障维修

维修故障线束，更换相关配件

第五步： 维修后检查

（1）操作电源开关，起动车辆，检查故障现象是否消失	（2）使用诊断仪再次进行诊断，确定故障已排除

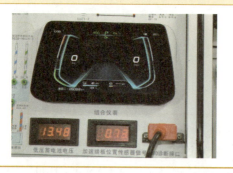

3. 任务评价

　　完成实训任务后，对任务完成情况进行评价。

项目二

混合动力汽车动力蓄电池供电系统维护与诊断

动力蓄电池是混合动力汽车上的第二储能元件（图2-1），用于车辆的起步、短途行驶、加速辅助、动力回收等功能。

图2-1　混合动力汽车动力蓄电池

在车辆行驶过程中，混合动力汽车的动力蓄电池通常进行频繁的、浅度的充放电循环。比如在行车过程中，车辆会频繁的起动、加速、减速，在这个过程中，动力蓄电池的电压和电流会有较大的变化。针对它的使用特点，混合动力汽车对动力蓄电池有以下要求：

（1）充放电的功率大：为了实现汽车在电动状态下，在起步、加速、爬坡和负载等方面与燃油汽车能够竞争，就需要动力蓄电池具有较高的功率密度。

（2）良好的充放电效率：动力蓄电池的能量循环是通过充电—放电—充电的循环实现的，为了保证整车的效率，动力蓄电池必须有良好的充放电效率。

（3）良好的安全性：作为储能元件，动力蓄电池必须有良好的安全性，能够在各种环境下，稳定快速地充放电。在使用期限内，电解质不会渗漏腐蚀线路和外壳。

目前，混合动力汽车上使用的动力蓄电池有：铅酸电池、镍氢电池和锂电池，如图2-2所示。

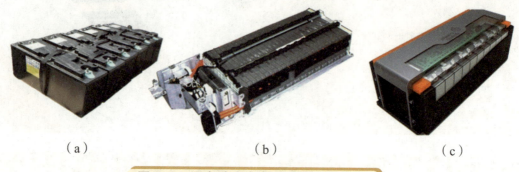

（a）　　　　　　　　　（b）　　　　　　　　　（c）

图2-2　混合动力汽车动力蓄电池种类
（a）铅酸电池；（b）镍氢电池；（c）锂电池

项目目标 →

知识目标

◇ 动力蓄电池的功能和组成。

◇ 动力电池组的结构类型。

◇ 电池管理系统的结构和控制原理。

◇ 动力蓄电池供电系统的电路图。

◇ 动力蓄电池供电系统部件插接器针脚定义。

技能目标

◇ 能够识别动力蓄电池供电系统各组成部件并且能够指出它们的位置。

◇ 能够正确检查和维护动力蓄电池供电系统。

◇ 能够正确检测动力蓄电池供电系统出现的故障。

素养目标

◇ 能够遵纪守法、诚实守信，传承中华民族的传统美德。

◇ 能够严于律己、宽以待人，和同学及老师建立良好的关系。

◇ 实践过程中，培养集体意识和团队合作精神，养成规范操作的职业素养。

◇ 培养工匠精神，提升质量意识、安全意识、节能环保意识等职业素养。

◇ 培养个人荣誉感和集体荣誉感，培养劳模精神。

任务一　动力蓄电池供电系统结构分析与维护

任务目标

◇ 理解动力蓄电池的功能。

◇ 了解动力蓄电池模组的结构类型。

◇ 掌握动力蓄电池管理系统的结构和控制原理。

◇ 掌握动力蓄电池供电系统的结构。

◇ 能够独立完成动力蓄电池供电系统的检查与维护。

情景导入

　　小杨是新能源汽车维修专业的毕业生，应聘一家汽车4S店的维修技师。通过了笔试后，小杨还需要通过实际操作测试。测试的题目是《动力蓄电池供电系统的检查和维护》。小杨运用在学校里学到的实践知识，按照标准流程对动力蓄电池供电系统进行检查和维护，获得了测试人员的好评。

　　假如，你是一名小杨一样的应聘者，能否通过这样的专业测试呢？

应知应会

一、动力蓄电池供电系统的功能和组成

1. 动力蓄电池供电系统的功能

　　混合动力汽车动力蓄电池供电系统是车辆的电源，它的功能是给车辆的高压和低压电气元件供电或断电，且存储发动机和车辆的剩余动能，如图2-3所示。

2. 动力蓄电池供电系统的组成

　　动力蓄电池供电系统主要由电池组、手动维修开关、大功率熔断器、电池管理系统、外壳等部件组成，如图 2-4 所示。

动力蓄电池供电系统构成部件中（图 2-4），电池组是能量的载体；熔断器是保护装置；手动维修开关用于电路维修时的高压断电；电池管理系统负责动力蓄电池的充电和放电管理；外壳是防护装置，通常它具有很高的防护等级。

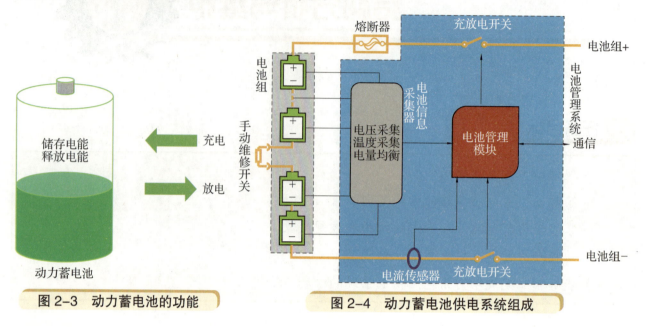

图 2-3　动力蓄电池的功能

图 2-4　动力蓄电池供电系统组成

二、动力电池组的结构类型

1. 动力蓄电池的分类

目前常见的蓄电池（图 2-5）有以下几种：

铅酸电池、镍镉电池和镍氢电池、锂电池。

从表 2-1 可以看出锂电池的性能更加优秀。在锂电池未广泛应用之前，混合动力车型多半使用镍氢电池，商业化的代表是丰田普锐斯。目前越来越多的汽车厂家采用锂电池作为新能源车的动力蓄电池。锂电池作为动力蓄电池有以下优点：

工作电压高（是镍氢电池的 3 倍）；

比能量大［可达 100~200（W·H）/kg，是镍氢电池的 3 倍］；

体积小、质量轻、循环寿命长；

自放电率低、无记忆效应、无污染等。

图 2-5　蓄电池

表 2-1　各类电池的性能比较

电池类型	能量效率 /%	能量密度 / [(W·h)·kg^{-1}]	循环寿命
铅酸电池	80	35~50	500~1 000
镍镉电池	75	30~50	1 000~2 000
镍氢电池	70	60~80	1 000~1 500
锂电池	90	100~200	1 500~3 000

1）锂电池的分类

按照正极材料的不同，锂电池可分为磷酸铁锂电池、三元锂电池、锰酸锂电池、钛酸锂电池、钴酸锂电池。

目前市场上常见的动力电池有：三元锂电池、磷酸铁锂电池、锰酸锂电池和钛酸锂电池，各类锂电池的性能比较如表 2-2 所示。

表 2-2　各类锂电池的性能比较

材料	能量密度理论极限 / [(W·h)·kg^{-1}]	单体电池标称电压 /V	安全性	理论循环使用寿命
三元锂电池	280	3.7	较差	2 000
磷酸铁锂电池	170	3.3	好	2 000~3 000
锰酸锂电池	100	3.7	较好	600~1 000
钛酸锂电池	91	2.3	差	20 000

从表 2-2 中可以看出，三元锂电池和磷酸铁锂电池的性能更加优异一些。目前中国混合动力汽车市场以磷酸铁锂电池和三元锂电池为主。

（1）磷酸铁锂电池。

磷酸铁锂电池的特点是安全性好、循环寿命长、能量密度低、低温充电难。

磷酸铁锂电池的热稳定性是目前车用锂电池中最好的，可以在 390 ℃以内的高温下保持稳定，不会因为温度过高、短路或碰撞产生爆炸或燃烧，它可以轻松通过针刺实验。磷酸铁锂电池的使用寿命也很长，循环寿命 >2 000 次。

磷酸铁锂电池最大的缺点是低温充放电性能差，在冬季低温时电池的性能会有很大的下降。使用磷酸铁锂电池的混合动力汽车商业化的典型车型有比亚迪混动车型。

（2）三元锂电池。

三元锂电池的特点是能力密度高、续航里程长、低温性能好、热稳定性差、安全性一般、寿命一般。

与磷酸铁锂电池相比，三元锂电池的能量密度要高出许多，这也就意味着同样质量的三元锂电池比磷酸铁锂电池的续航里程更长。三元锂电池的低温性能好，动力电池系统可实现 –20 ℃直接充电。

三元锂电池的热稳定性不如磷酸铁电池，它无法通过针刺实验。这就表明了三元电池在内部短路、电池外壳损坏的情况下，很容易引发燃烧、爆炸等安全事故。

2. 动力电池组的结构

为了达到动力电池的电压和容量的需求，在动力电池包内，使用导线将多个单独的电池串联、并联起来，构成一个大的模组，就是动力电池组。动力电池组是用来给动力电路提供能量的所有电气相连的蓄电池包的总称，它为全车高压用电设备供电。

动力电池组通常由单体电池、电池模组（小电池模组 / 大电池模组）、金属导条组成，如图 2-6 所示。

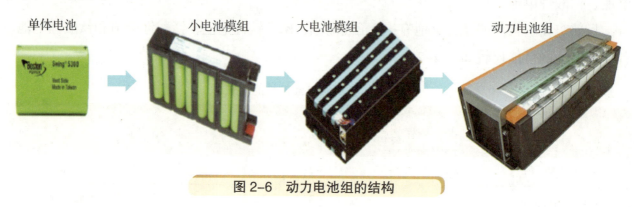

单体电池　　小电池模组　　大电池模组　　动力电池组

图 2-6　动力电池组的结构

1）单体电池

直接将化学能转化为电能的最小单元，包括正极、负极、电解液、外壳等，如图 2-7 所示。

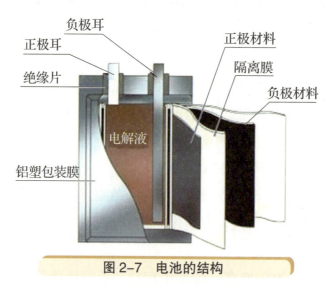

图 2-7　电池的结构

2）电池模组

电池模组是将多个单体电池按照串联、并联或串并混联方式组合，作为电源使用的组合体，如图 2-8 所示。

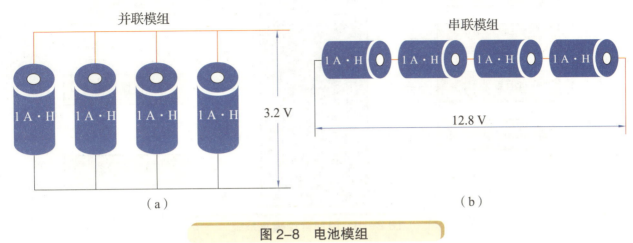

图 2-8　电池模组

（a）并联模组；（b）串联模组

3）金属导条

金属导条是电池模组之间的串联线，将电池模组连成动力电池组，如图 2-9 所示。

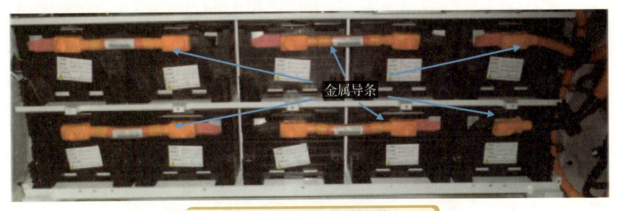

图 2-9　动力电池组的结构

三、电池管理系统的结构和控制原理

1. 电池管理系统的结构

电池管理系统控制动力蓄电池给车辆的高压和低压电气元件供电或断电。它收集动力蓄电池电压、温度、电流等信息；负责与其他控制器通信；控制并保护动力电池，使其能够正常工作。

电池管理系统由电池管理模块、电池信息采集器、电流传感器、漏电传感器、正极接触器、负极接触器、预充接触器和高压互锁检测开关等部件组成，如图 2-10 所示。

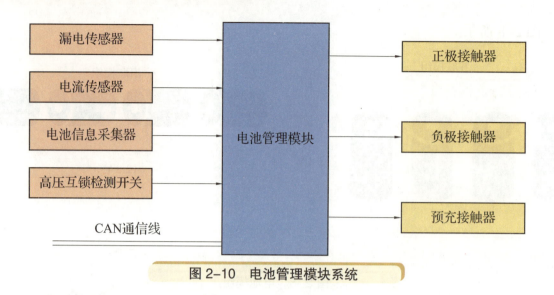

图 2-10 电池管理模块系统

1）电池信息采集器

电池信息采集器通常位于电池模组旁边（图 2-11），用于采集电池的电压信号、温度信号；它还能够控制电池均衡，检测信号线路的异常。

图 2-11 比亚迪秦混合动力汽车电池信息采集器

2）漏电传感器

漏电传感器（图 2-12）用于检测动力蓄电池的高压电源线路与电池外壳、车身底盘之间的绝缘阻抗。当动力蓄电池漏电时，传感器发送信号给电池管理模块，电池管理模块进行保护操作并报警，防止动力蓄电池的高压电外泄，造成人员、物品的伤害和损失。

3）高压互锁检测开关

在 ISO 国际标准《ISO 6469-3：2018 电动汽车安全技术规范第 3 部分：人员电气伤害防护》中，规定电动汽车上的高压部件应具有高压互锁装置。

高压互锁检测开关（图 2-13）使用低压小电流信号来检查高压部件，包括高压导线等高压电气的完整性，使高压电始终处于密闭的环境中工作。高压互锁装置断开，动力蓄电池立刻断开高压电的输出。

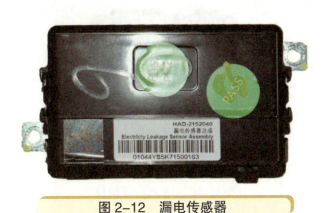

图 2-12　漏电传感器

图 2-13　高压互锁检测开关的结构
（a）实物图；（b）电路图

4）接触器

电池管理系统通常分布有正极接触器、负极接触器和预充接触器，它们分布在动力蓄电池的正、负极高压线上，目的是使用低压电路控制高压电路的接通或断开，如图 2-14 所示。

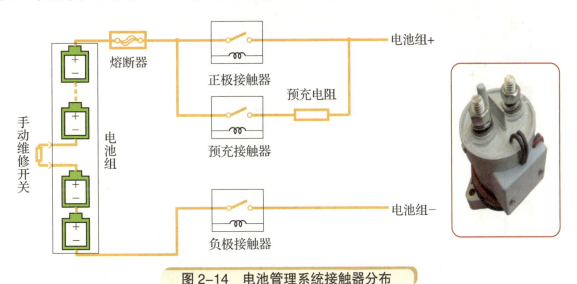

图 2-14　电池管理系统接触器分布

5）电流传感器

电流传感器安装于动力蓄电池负极高压线上（图 2-15），用于监测动力蓄电池高压线路上的电流信号，发送给电池管理模块。

动力蓄电池工作时，电池管理模块需要时时监测电流数据，当电流过大时，电池管理模块执行过流控制，降低或者切断动力蓄电池的功率输出。

6）电池管理模块

电池管理模块是动力蓄电池的大脑，如图2-16所示。它的主要功能是:电池总电压监测、电池总电流监测、电池SOC计算、电池充放电管理、电池高压继电器控制、电池功率控制、电池异常状态报警和保护、漏电报警、碰撞保护、系统自检及通信功能等。

图2-15　电流传感器的安装位置

图2-16　电池管理模块

2. 电池管理系统的控制原理

电池管理系统通过控制正极接触器、负极接触器和预充接触器来控制动力蓄电池向外供电或断电，如图2-17所示。

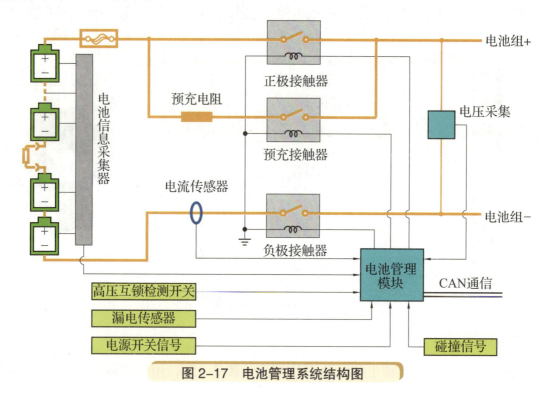

图2-17　电池管理系统结构图

1）动力蓄电池供电

电源开关由OFF打开到ON，电池管理系统开始自检，确定是否满足供电条件。如果供电条件不满足，停止供电并发送警报信号。如果供电条件满足，开始供电流程（图2-18）：

步骤 1，闭合负极接触器和预充接触器，进行预充电；步骤 2，预充电完成后，闭合正极接触器；步骤 3，断开预充接触器，完成高压供电。

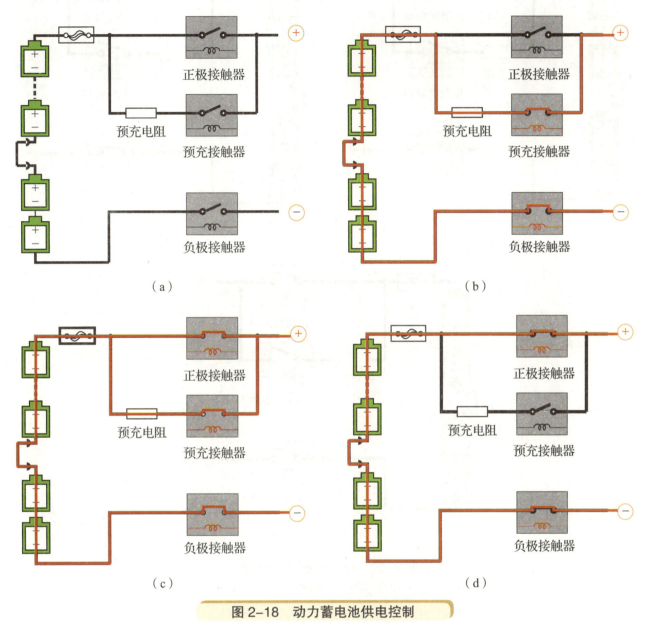

图 2-18　动力蓄电池供电控制

（a）断电状态；（b）预充电；（c）正极接触器吸合；（d）预充接触器断开

2）动力蓄电池断电

电源开关由 ON 打开到 OFF，电池管理系统开始断电流程（图 2-19）：步骤 1，断开正极接触器；步骤 2，断开负极接触器，完成高压断电。

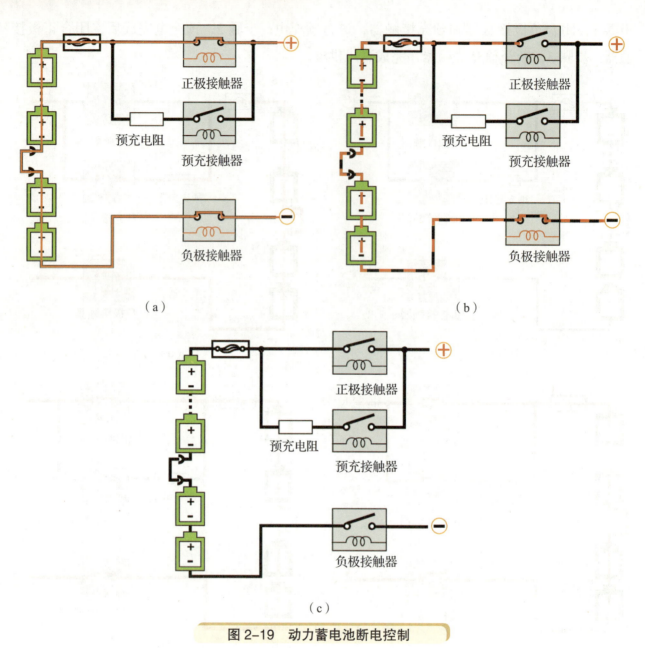

图 2-19　动力蓄电池断电控制

（a）供电状态；（b）正极接触器断开；（c）负极接触器断开

技能实训

一、实训规则

1. 目的

　　为了规范实训教学，提供良好的实训环境，将教学实训安全、高效、有序地进行，特制定本规则。

2. 规则

（1）学生要履行道德准则和行为规范，做到遵纪守法、诚实守信、文明礼貌、热爱劳动。

（2）实训时，着装要整齐，摘掉戒指、手表、项链等物品，长发应盘起固定于脑后。

（3）学生要做到上课不迟到、不早退；有事要请假。

（4）学生要认真学习知识，掌握操作工艺和安全规程。

（5）学生要有集体意识和团队合作精神，听从教师指导，服从工位分配。

（6）学生要有安全意识和质量意识，严格遵守操作规范，发扬工匠精神，保质保量按时完成实训任务。

（7）学生要有环保意识，要爱护仪器设备和公共设施，要节约材料，时刻保持实训场地整洁美观。

（8）学生在实训中，要有自我管理能力和职业规划的意识，要互教互学、取长补短。

（9）学生应严格执行管理规范，下课前整理仪器设备、清理卫生、切断电源、关好门窗，经教师同意后方可离开实训场地。

二、实训注意事项

（1）对动力蓄电池等高压系统进行实训时，必须严格按照高压安全注意事项操作。

①在对高压设备进行实训时，必须设立专职监护人，由监护人指挥操作。

②操作人员需穿戴绝缘服、绝缘手套、绝缘鞋、护目镜等绝缘防护品。

③点火开关必须处于 OFF 状态，钥匙妥善保管；断开车辆或设备的辅助蓄电池，静置 10 min 以上；拔下维修开关并妥善保管（没有维修开关的车型可省略这一步）。

④维护或检修高压部件需使用专用绝缘工具。

⑤断开高压部件后，立即用绝缘胶带封堵被断开的高压线束连接器。

⑥禁止正、负极线路对接，避免正极或负极经人体接地。

⑦高压系统在检修完毕后，需由监护人检查并确认能够上电。

⑧在实训场地放置灭火器，注意不能使用水基灭火器。

（2）在实训时，如果需要使用举升机，需要注意以下事项：

①举升车辆不得超过该产品的额定举升质量。

②应将车辆较重的部位置于短举升臂上。

③举升车辆前，将举升臂放到被托举车辆的合适位置后，转动 4 个橡胶托盘，使 4 个托盘距离车身位置相等，然后再举升车辆。

④车辆举升离地 10 cm 左右时，检查托盘与车身的连接位置并晃动车身，确认安全后，才能继续举升。

⑤举升过程中，严禁车下站人。

⑥车辆举升完成后，确认举升机保险被落下。

三、动力蓄电池供电系统结构认知

本书中"动力蓄电池供电系统结构认知实训"以"混合动力汽车电池管理实训教学系统"（图2-20）为载体，开展对混合动力汽车动力蓄电池供电系统的实训。完成动力蓄电池供电系统结构原理认知、检查维护与故障检测等理实一体化教学。

图2-20　混合动力汽车电池管理实训教学系统

1. 任务准备

◇ 操作设备：混合动力汽车电池管理实训教学系统。

◇ 工具 / 材料：便利贴、签字笔。

◇ 人员分工：组长 1 名、记录人员 2 名、检验员 2 名、操作人员若干，以上角色可通过选举、抽签或老师指定等方式担任，通过多个任务的训练，争取让每个学生轮流担任不同角色，以提升学生的综合素质。

◇ 实训场地：混合动力汽车实训实验室。

2. 任务实施

在实训时，要有安全意识、质量意识、环保意识。实训过程中，要勇于创新，发扬精益求精的工匠精神。

（1）老师要组织研讨会，探讨实训台高压的危害及实训台安全操作的方法。

（2）指定同学检查实训台电源开关，确定处于 OFF 状态，收起智能钥匙安全放置。指定同学断开实训台的辅助蓄电池。在动力蓄电池高压端子位置粘贴安全警告贴。

（3）将表2-3所示部件 / 零件池中动力蓄电池供电系统的零部件名称写在便利贴上，粘贴在动力电池外壳上对应的零件位置。

表2-3　部件 / 零件池

动力电池包（内部）	电池模组、电池信息采集器、主熔断器、正极接触器、负极接触器、预充接触器、预充电阻、电流传感器、漏电传感器、电池通信转换器
动力电池包（外部）	动力蓄电池管理模块、高压正极输出端子、高压负极输出端子、电池低压端子

（4）完成上面的操作后，将部件名称填入下方的结构图中。

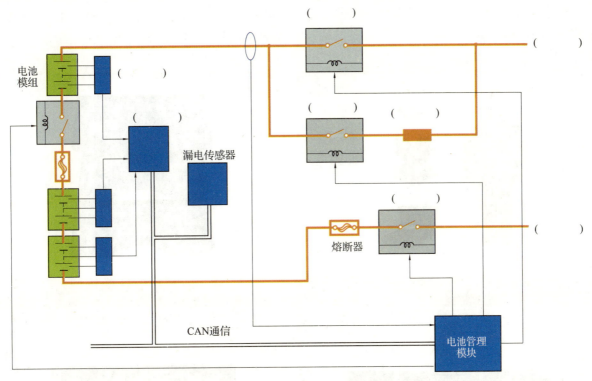

（5）实训任务完成后，指定学生连接实训台的电源。使用智能钥匙打开电源开关，检查确认混合动力汽车电池管理实训教学系统，能够正常工作。

3. 任务评价

完成实训任务后，对任务完成情况进行评价。

四、动力蓄电池供电系统检查与维护

1. 任务准备

◇ 操作车辆：以 2019 款比亚迪秦混合动力汽车为例。

◇ 工具 / 材料：绝缘服、绝缘手套、绝缘鞋、护目镜、绝缘万用表、诊断仪。

◇ 人员分工：组长 1 名、记录人员 2 名、检验员 2 名、操作人员若干，以上角色可通过选举、抽签或老师指定等方式担任，通过多个任务的训练，争取让每个学生轮流担任不同角色，以提升学生的综合素质。

◇ 实训场地：带举升机的标准工位。

2. 任务实施

在实训时，要有安全意识、质量意识、环保意识。实训过程中，要勇于创新，发扬精益求精的工匠精神。

检查前防护	
个人防护：维修人员穿戴好绝缘服、绝缘鞋、绝缘手套、护目镜等防护套装。（注意：穿戴防护套装前，先检查是否破损。）	**整车防护**：车内铺设脚垫、座椅套和转向盘套；车外铺设翼子板和前格栅护罩
	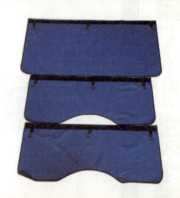

动力蓄电池供电系统检查与维护	
第一步：关闭电源开关到 OFF 挡，将智能钥匙收起妥善放置	**第三步**：使用举升机，将车辆举升到合适高度

第二步：断开辅助蓄电池负极导线，然后等待 5 min	**第四步**：检查电池包的外观，清除表面的污渍，记录电池包编码。 （1）如果电池包托盘底部有严重凹陷，电池包焊缝开裂或电池包表面破损，需更换电池包。 （2）如果电池包托盘有刮伤、轻微凹陷或生锈，则需要清洁并喷防护漆处理
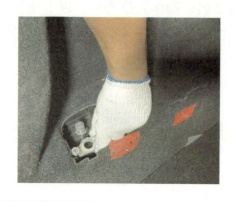	

第五步：检查动力蓄电池上的高、低压线束插头是否老化、松动、破损

第九步：测量完成后，将动力蓄电池的高压动力输出插头恢复原位

第六步：穿戴好绝缘设备，断开动力蓄电池的高压输出插头

第十步：断开动力蓄电池的高压充电线插头

第七步：使用绝缘万用表测量动力蓄电池输出正极对车体的绝缘电阻，正常应 ≥ 5 MΩ

第十一步：使用绝缘万用表测量动力蓄电池高压充电线正极对车体的绝缘电阻，正常应 ≥ 5 MΩ

第八步：使用绝缘万用表测量动力蓄电池输出负极对车体的绝缘电阻，正常应 ≥ 5 MΩ

第十二步：使用绝缘万用表测量动力蓄电池高压充电线负极对车体的绝缘电阻，正常应 ≥ 5 MΩ

第十三步：测量完成后，将动力蓄电池的高压充电线插头恢复原位	第十五步：安装辅助蓄电池负极导线
	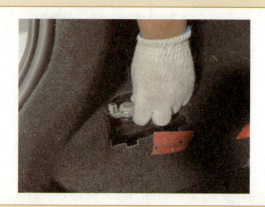
第十四步：使用举升机将车辆降落至地面	第十六步：将智能钥匙放入车内，操作电源开关，确认车辆能够进入 OK 状态

第十七步：使用诊断仪读取电池包容量和电池体检指标的数据流。查看电池包的各项数据是否正常

３ 任务评价

完成实训任务后，对任务完成情况进行评价。

任务二 动力蓄电池供电系统的诊断

✎ 任务目标

◇ 熟悉动力蓄电池供电系统的电路图。

◇ 掌握动力蓄电池供电系统部件插接器的针脚定义。

◇ 能够对动力蓄电池供电系统进行故障诊断与排除。

✎ 情景导入

宋经理有一辆混合动力汽车，平日他喜欢使用电动模式行驶，节能环保。今天驾驶车辆时，他发现车辆无法使用电动模式行驶，且仪表上的动力电池故障灯点亮，于是将车辆开到维修店检修。假如你是一名刚参加工作的新能源汽车维修技师，是否有足够的技能，帮助宋经理修好车辆。接下来，请继续获取该系统的知识和技能吧。

✎ 应知应会

一、动力蓄电池供电系统电路识读

1. 动力蓄电池供电系统低压电路识读

混合动力汽车的动力蓄电池供电系统采用低压电路控制高压电路的控制策略来实现高压电的输出和切断。因此，动力蓄电池供电系统的电路分为高压电路和低压电路。低压电路又叫电池管理系统电路，是控制电路；高压电路属于被控制电路，由电池管理系统电路控制大功率继电器实现导通或断路。

1）电池管理系统电路识读

电池管理系统电路是典型的控制电路，由传感器、控制器、执行器和通信机构组成，如图 2-21 所示。传感器用于接收动力蓄电池的相关信息，并将这些信息发送给控制器。控制器主要有以下 3 个功能:(1)接收并处理传感器的信号;(2)与整车进行通信,接收整车信号,并向外发送动力蓄电池信息;(3)发送控制信号给执行器,控制动力蓄电池的高压输出。

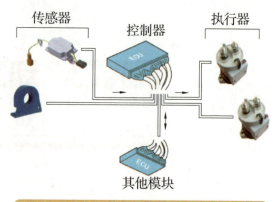

图 2-21 系统控制图

如图 2-22 所示,下面以 2019 款比亚迪秦混合动力汽车电池管理系统的电路图为例,识读电池管理系统。电池管理系统的工作过程是:当按下电源开关起动车辆,电池管理模块通电开始工作,它通过 CAN 网络接收动力蓄电池的电压、温度信号以及电池包的绝缘信号;通过互锁开关接收互锁信号;通过电流传感器接收电流信号;通过 CAN 网络与整车系统交流信息。当电池管理模块通过运算,确定动力蓄电池系统工作正常,整车可以高压供电后,控制主继电器、预充接触器、负极接触器等执行器工作,导通动力蓄电池高压电路。动力蓄电池高压供电后,电池管理系统继续通过传感器监控动力蓄电池状态,并通过 CAN 网络获取车辆运转信息,监控动力蓄电池的工作状态。

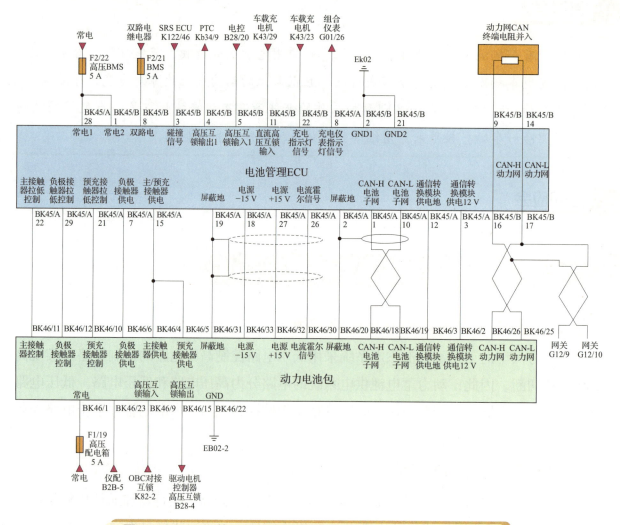

图 2-22　2019 款比亚迪秦混合动力汽车电池管理系统电路图

2）电流传感器电路识读

电流传感器套在高压线路的外部，通过高压线束上电流的磁场变化，检测高压电流信号，如图 2-23 所示。如图 2-24 所示，电流传感器的工作过程为：电池管理模块给电流传感器供电，使传感器工作。电流传感器感应高压电流磁场的变化，转化成信号发送给电池管理模块。

图 2-23　电流传感器

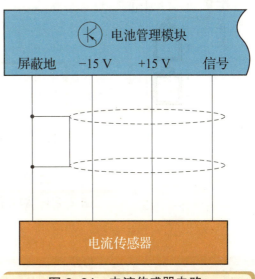

图 2-24　电流传感器电路

3）漏电传感器电路识读

如图 2-25 所示，漏电传感器的工作过程为：电池管理模块给漏电传感器供电，使传感器工作。漏电传感器通过高压电路上的采样线判断高压电路与车身之间的绝缘电阻，并通过 CAN 网络发送报文给电池管理模块。

2. 动力蓄电池供电系统高压电路识读

如图 2-26 所示，动力蓄电池供电系统高压电路的工作过程为：当按下电源开关起动车辆，电池管理模块确定整车系统符合动力电池高压输出的条件，将控制高压电路上的 3 个大功率接触器工作，接通动力蓄电池高压电路。

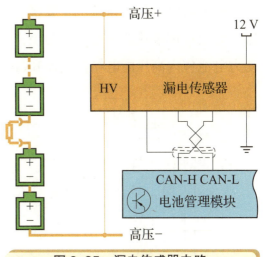

图 2-25　漏电传感器电路

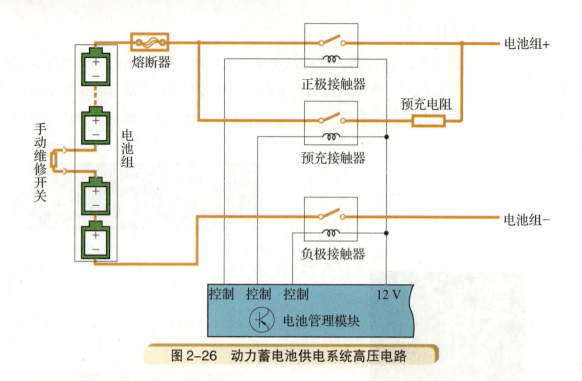

图 2-26 动力蓄电池供电系统高压电路

二、动力蓄电池供电系统部件插接器针脚介绍

本课程以 2019 款比亚迪秦混合动力汽车电池管理系统部件为例，介绍动力蓄电池供电系统的插接器针脚。

动力蓄电池供电系统的主要插接器有：电池管理模块的插接器和动力电池包的低压插接器。电池管理模块的插接器有两个，分别为 BK45A 插接器和 BK45B 插接器，如图 2-27 所示。动力电池包内高压配电箱插接器 BK46 如图 2-28 所示。各部件插接器针脚定义如表 2-4 所示。

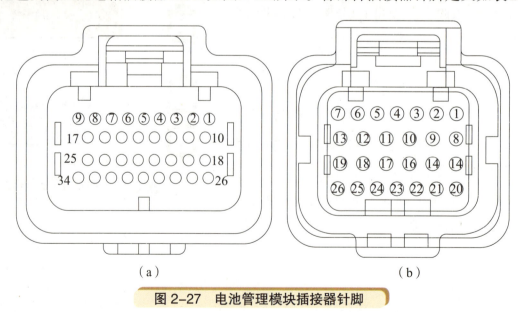

（a）   （b）

图 2-27 电池管理模块插接器针脚

（a）BK45A；（b）BK45B

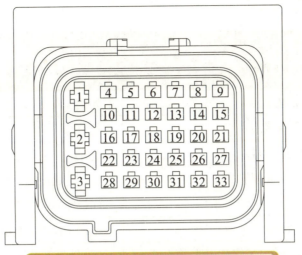

图 2-28　高压配电箱插接器 BK46

表 2-4　插接器针脚定义

名称	针脚编号	针脚定义	针脚对地电压	
			条件	正常值 /V
BK45A	1	电池子网 CANH	ON 挡 /OK 挡 / 充电	2.5~3.5
	2	电池子网屏蔽接地	始终	小于 1
	3	通信转换模块供电 +12 V	ON 挡 /OK 挡 / 充电	9~16
	7	分压 / 负极接触器供电	ON 挡 /OK 挡 / 充电	9~16
	8	充电仪表指示灯信号	车载充电时	小于 1
	9	分压继电器接地控制	分压继电器吸合时	小于 1
	10	电池子网 CANL	ON 挡 /OK 挡 / 充电	1.5~2.5
	12	通信转换模块接地	始终	小于 1
	15	主 / 预充接触器供电	ON 挡 /OK 挡 / 充电	9~16
	18	霍尔供电 –15 V	ON 挡 /OK 挡 / 充电	–16~–9
	19	霍尔屏蔽接地	始终	小于 1
	21	预充接触器接地控制	预充电过程中	小于 1
	22	主继电器接地控制	整车上高压电	小于 1
	26	电流霍尔采样信号	电源 ON 挡	0~4.2
	27	霍尔供电 +15 V	ON 挡 /OK 挡 / 充电	9~16
	28	常电	始终	9~16
	29	负极接触器接地控制	负极接触器吸合时	小于 1

续表

名称	针脚编号	针脚定义	针脚对地电压	
			条件	正常值 /V
BK45B	1	常电	始终	9~16
	2	车身接地	始终	小于 1
	3	碰撞信号	起动	约 −15
	4	高压互锁输出 1	ON 挡 /OK 挡 / 充电	PWM 脉冲信号
	5	高压互锁输入 1	ON 挡 /OK 挡 / 充电	PWM 脉冲信号
	8	双路电	电源 ON 挡 / 充电	9~16
	9	整车 CAN 终端电阻并入端 1	ON 挡 /OK 挡 / 充电	2.5~3.5
	10	高压互锁输出 2	ON 挡 /OK 挡 / 充电	PWM 脉冲信号
	11	高压互锁输入 2	ON 挡 /OK 挡 / 充电	PWM 脉冲信号
	14	整车 CAN 终端电阻并入端 2	ON 挡 /OK 挡 / 充电	1.5~2.5
	16	整车 CANH	ON 挡 /OK 挡 / 充电	2.5~3.5
	17	整车 CANL	ON 挡 /OK 挡 / 充电	1.5~2.5
	20	慢充电感应信号	车载充电时	小于 1
	21	车身接地	始终	小于 1
	22	充电指示灯信号	车载充电时	小于 1
	23	整车 CAN 屏蔽接地	始终	小于 1
BK46	1	常电	始终	9~16
	2	通信转换模块 +12 V	ON 挡 /OK 挡 / 充电	9~16
	3	通信转换模块接地	始终	小于 1
	4	预充接触器电源	ON 挡 /OK 挡 / 充电	9~16
	5	正极接触器电源	ON 挡 /OK 挡 / 充电	9~16
	6	负极接触器电源	ON 挡 /OK 挡 / 充电	9~16
	7	分压继电器电源	ON 挡 /OK 挡 / 充电	9~16
	9	行车高压互锁输入	ON 挡 /OK 挡 / 充电	PWM 脉冲信号
	10	预充接触器控制	预充电过程中	小于 1
	11	正极接触器控制	整车上高压电	小于 1
	12	负极接触器控制	负极接触器吸合时	小于 1
	13	分压继电器控制	分压继电器吸合时	小于 1
	15	行车高压互锁输出	ON 挡 /OK 挡 / 充电	PWM 脉冲信号
	18	电池子网 CANH	ON 挡 /OK 挡 / 充电	2.5~3.5
	19	电池子网 CANL	ON 挡 /OK 挡 / 充电	1.5~2.5
	20	电池子网屏蔽接地	始终	小于 1
	22	漏电传感器接地	始终	小于 1

续表

名称	针脚编号	针脚定义	针脚对地电压	
			条件	正常值 /V
BK46	23	漏电传感器电源	ON 挡 /OK 挡 / 充电	9~16
	24	漏电传感器 CAN 屏蔽接地	始终	小于 1
	25	整车 CANL	ON 挡 /OK 挡 / 充电	1.5~2.5
	26	整车 CANH	ON 挡 /OK 挡 / 充电	2.5~3.5
	30	电流霍尔采样信号	电源 ON 挡	0~4.2
	31	霍尔屏蔽接地	始终	小于 1
	32	霍尔供电 +15 V	ON 挡 /OK 挡 / 充电	9~16
	33	霍尔供电 –15 V	ON 挡 /OK 挡 / 充电	–16~–9

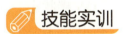 技能实训

一、实训规则

1. 目的

为了规范实训教学，提供良好的实训环境，使实训教学安全、高效、有序地进行，特制定本规则。

2. 规则

（1）学生要履行道德准则和行为规范，做到遵纪守法、诚实守信、文明礼貌、热爱劳动。

（2）实训时，着装要整齐，摘掉戒指、手表、项链等物品，长发应盘起固定于脑后。

（3）学生要做到上课不迟到、不早退；有事要请假。

（4）学生要认真学习知识，掌握操作工艺和安全规程。

（5）学生要有集体意识和团队合作精神，听从教师指导，服从工位分配。

（6）学生要有安全意识和质量意识，严格遵守操作规范，发扬工匠精神，保质保量按时完成实训任务。

（7）学生要有环保意识，要爱护仪器设备和公共设施，要节约材料，时刻保持实训场地整洁美观。

（8）学生在实训中，要有自我管理能力和职业规划的意识，要互教互学、取长补短。

（9）学生应严格执行管理规范，下课前整理仪器设备、清理卫生、切断电源、关好门

窗，经教师同意后，方可离开实训场地。

二、实训注意事项

当使用专用实训设备进行实训时，必须严格按照设备操作流程进行实训。

（1）进行实训前，首先勘察实训场地，是否有漏电、火灾、摔倒、中毒等风险。

（2）在操作实训设备前，首先检查设备是否损伤，设备线路是否连接完好。

（3）实训设备开机后，需等设备运转平稳，然后操作设备。

（4）操作设备时，应正确使用工具，严禁暴力拆装，胡乱跨接测量。

（5）实训过程中，要团队协作，制订计划，明确分工。

（6）使用万用表测量数据时，必须选对测量挡位及量程，以免影响测量结果或损坏万用表。

（7）使用诊断仪诊断故障时，确保诊断线路连接可靠，车辆电源开关处于 ON 挡状态。

三、故障检测流程

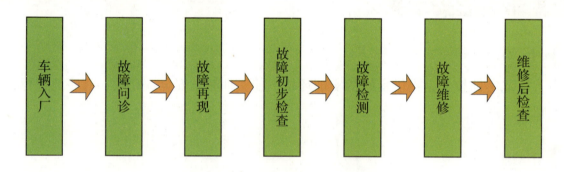

车辆入厂 → 故障问诊 → 故障再现 → 故障初步检查 → 故障检测 → 故障维修 → 维修后检查

四、电池管理模块电源故障诊断

本书中"电池管理模块电源故障诊断任务"以"混合动力汽车电池管理实训教学系统"（图 2-20）为载体，开展对混合动力汽车动力蓄电池供电系统的实训。完成动力蓄电池供电系统结构原理认知、检查维护与故障检测等理实一体化教学。

电池管理模块
电源故障诊断

1. 任务准备

◇ 操作设备：混合动力汽车电池管理实训教学系统。

◇ 工具 / 材料：绝缘服、绝缘手套、绝缘鞋、护目镜、万用表、探针、跨接线、诊断仪、示波器。

◇ 人员分工：组长 1 名、记录人员 2 名、检验员 2 名、操作人员若干，以上角色可通过选举、抽签或老师指定等方式担任，通过多个任务的训练，争取让每个学生轮流担任不同角色，以提升学生的综合素质。

◇ 实训场地：混合动力汽车实训实验室。

2. 任务实施

在实训时，要有安全意识、质量意识、环保意识。实训过程中，要勇于创新，发扬精益求精的工匠精神。

（1）老师要组织研讨会，探讨实训台架高压的危害及实训台架安全操作的方法。

（2）实训任务前，需连接混合动力汽车6个实训台架。

注意：台架组装期间，严禁操作人员之外的人员接近台架。

①操作人员穿戴绝缘服、绝缘手套、绝缘鞋、护目镜等绝缘套装。

②确认6合1混合动力汽车实训台架的辅助蓄电池负极端子断开。

③操作人员连接6个混合动力实训台架之间的连接线路。

④确认台架之间的线路连接正确，并连接辅助蓄电池负极端子。

⑤操作人员操作实训台架的电源开关，确定混合动力汽车实训台架工作正常。

（3）给实训中不需要操作的实训台架周围设置防护栏。

故障检测前防护
个人防护：维修人员穿好工装、戴好手套

故障检测
第一步：故障再现
（1）踩下制动踏板，打开电源开关，起动实训台
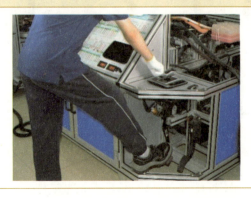

（2）发动机直接起动，仪表上动力系统故障警告灯点亮；仪表中央提示栏提示"低压供电系统故障，请安全停车并联系服务店"和"EV功能受限"。确认故障现象后，关闭电源开关

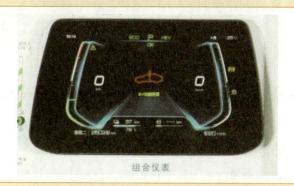

组合仪表

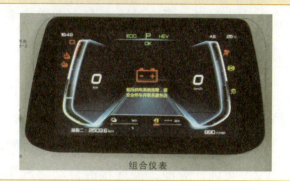

组合仪表

第二步：故障初步检查

（1）连接诊断仪，将电源开关打开到ON挡

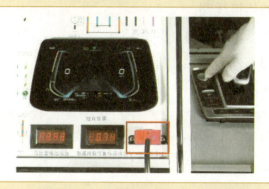

（2）使用诊断仪检测故障码。发现当前故障码：U011100，与电池管理器（BMS）通信故障。此故障的含义是电池管理模块通信故障

（3）可能造成故障的原因有：①电池管理模块电源线路故障。②电池管理模块接地线路故障。③电池管理模块故障。④电池管理模块CAN通信故障

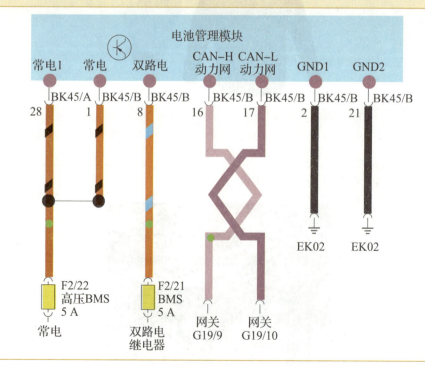

第三步：故障检测

（1）首先测量电池管理模块的两个常电电源

①测量电池管理模块 BK45A-28 号针脚电压。万用表开关旋到电压挡，黑表笔连接接地点，红表笔连接 BK45A-28 号针脚，正常电压应在 12 V 左右。如电压正常，则 BMS 模块的 BK45A-28 号针脚电路正常

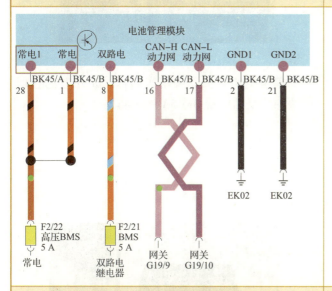

②测量电池管理模块 BK45B-1 号针脚的电压。万用表的黑表笔连接接地点，红表笔连接 BK45B-1 号针脚，正常电压应在 12 V 左右。如电压正常，则 BMS 模块的 BK45B-1 号针脚电路正常

（2）如果电池管理模块两个常电电源的电压都不正常，则需要检查熔断丝 F2/22 和熔断丝的供电线路

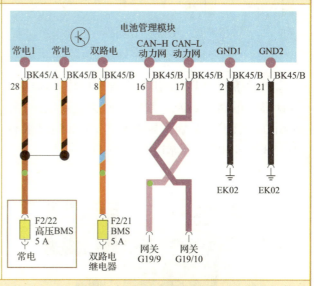

　　万用表的黑表笔连接接地点，红表笔分别连接熔断丝 F2/22 的供电端和输出端测量点，正常两个电压都应在 12 V 左右。如供电电压正常，输出电压异常，则熔断丝 F2/22 烧蚀；如果两个电压都异常，则熔断丝供电线路故障

（3）如果电池管理模块两个常电电源中，任何一个电压异常，则表明异常电路，可能存在断路或虚接故障

①单击电源开关，关闭实训台。断开电池管理模块的两个插接器 BK45A、BK45B

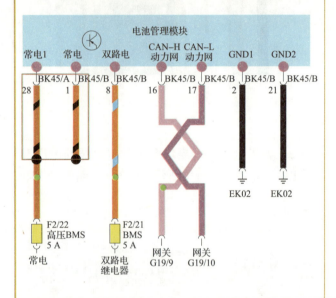

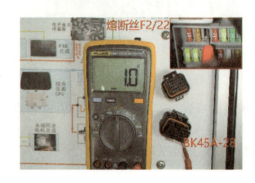

②测量熔断丝 F2/22 到电池管理模块 BK45B-1 号针脚间电路的通断。万用表开关旋到电阻挡，使用红、黑表笔分别连接熔断丝 F2/22 输出端和 BK45B-1 号针脚，正常电阻应 <1 Ω

③测量熔断丝 F2/22 到电池管理模块 BK45A-28 号针脚间电路的通断。使用万用表的红、黑表笔分别连接熔断丝 F2/22 输出端和 BK45A-28 号针脚，正常电阻应 <1 Ω

（4）如果电池管理模块的常电电源正常，则需要测量电池管理模块的双路电源

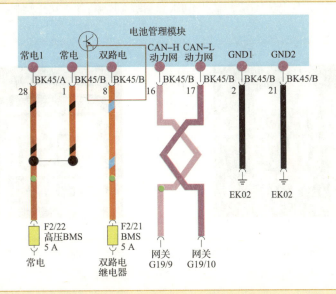

①连接电池管理模块的两个插接器，单击电源开关，开启实训台到 ON 挡状态

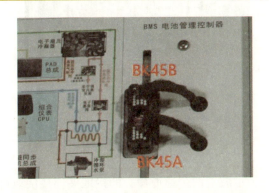

②万用表黑表笔连接到接地点，红表笔连接 BMS 模块的 BK45B-8 号针脚，正常电压应在 12 V 左右

（5）若以上测量结果不正常，则需要检查熔断丝 F2/21，测量供电线路

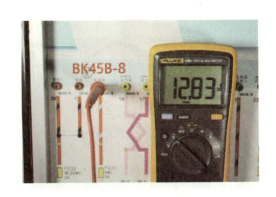

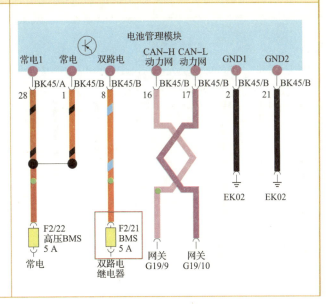

①万用表的黑表笔连接接地点，红表笔分别连接熔断丝 F2/21 的供电端和输出端测量点，正常两个电压都应在 12 V 左右。如供电电压正常，输出电压异常，则熔断丝 F2/21 烧蚀；如果两个电压都异常，则熔断丝供电线路故障

（6）以上检查无问题，则测量电池管理模块的接地线。将万用表打到电阻挡，黑表笔连接接地点，红表笔分别连接 BK45B-2 针脚与 BK45B-21 针脚，测得的数值都应 <1 Ω

（7）如电池管理模块的接地正常，则需要测量 CAN 总线的信号波形

（8）示波器两个通道探头的接地夹连接接地点；探针分别连接 BK45B-16 号针脚和 BK45B-17 号针脚。CAN-L 电压波形应在 1.5~2.5 V；CAN-H 电压波形应在 2.5~3.5 V。CAN-L 和 CAN-H 波形应对称分布

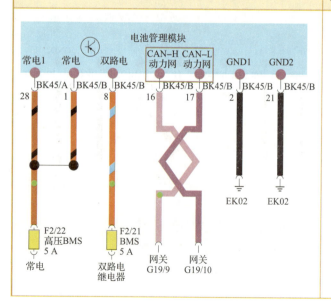

（9）经万用表测得，电池管理模块常电电源电路的熔断丝 F2/22 断路，导致模块无法通信

第四步：故障维修

维修故障线束，更换相关配件

第五步：维修后检查

（1）操作电源开关，起动车辆，检查故障现象是否存在	（2）使用诊断仪再次进行诊断，确定电池管理模块通信正常，故障排除
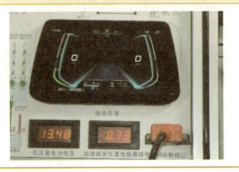	

3.　任务评价

完成实训任务后，对任务完成情况进行评价。

五、电池管理系统预充接触器电路故障诊断

本书中"电池管理系统预充接触器电路故障诊断"任务以"混合动力汽车电池管理实训教学系统"（图 2-20）为载体，开展对混合动力汽车动力蓄电池供电系统的实训。完成动力蓄电池供电系统结构原理认知、检查维护与故障检测等理实一体化教学。

电池管理系统预充接触器电路故障诊断

1. 任务准备

◇ 操作设备：混合动力汽车电池管理实训教学系统。

◇ 工具/材料：万用表、探针、跨接线、诊断仪、绝缘服、绝缘手套、绝缘鞋、护目镜。

◇ 人员分工：组长1名、记录人员2名、检验员2名、操作人员若干，以上角色可通过选举、抽签或老师指定等方式担任，通过多个任务的训练，争取让每个学生轮流担任不同角色，以提升学生的综合素质。

◇ 实训场地：混合动力汽车实训实验室。

2. 任务实施

在实训时，要有安全意识、质量意识、环保意识。实训过程中，要勇于创新，发扬精益求精的工匠精神。

（1）老师要组织研讨会，探讨实训台架高压的危害及实训台架安全操作的方法。

（2）实训任务前，需连接混合动力汽车6个实训台架。

注意：台架组装期间，严禁操作人员之外的人员接近台架。

①操作人员穿戴绝缘服、绝缘手套、绝缘鞋、护目镜等绝缘套装。

②确认6合1混合动力汽车实训台架的辅助蓄电池负极端子断开。

③操作人员连接6个混合动力实训台架之间的连接线路。

④确认台架之间的线路连接正确，并连接辅助蓄电池负极端子。

⑤操作人员操作实训台架的电源开关，确定混合动力汽车实训台架工作正常。

（3）给实训中不需要操作的实训台架周围设置防护栏。

故障检测前防护
个人防护： 维修人员穿好工装、戴好手套

故障检测	
第一步： 故障再现	
（1）踩下制动踏板，按下电源开关，起动实训台，发动机直接起动	（2）仪表上的动力系统故障警告灯点亮；仪表中心显示EV功能受限。确认故障现象后，关闭电源开关

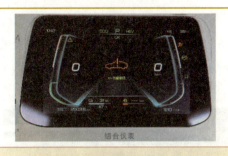

第二步： 故障初步检查

（1）连接诊断仪，将电源开关打开到 ON 挡	（2）使用诊断仪检测故障码。发现当前故障码：P1A3F00，预充接触器回路检测故障

（3）可能造成故障的原因有：①预充接触器电源线路故障。②预充接触器控制线路故障。③预充接触器故障。④电池管理模块故障

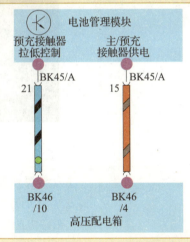

第三步： 故障检测

（1）根据故障原因分析，首先需要测量预充接触器的电源电压。万用表开关旋到直流电压挡，使用黑表笔连接接地点，红表笔连接高压配电箱的 BK46-4 号针脚，正常的电压应为 12 V 左右	（2）如果预充接触器的电源电压异常，需要测量供电端"电池管理模块 BK45A-15 号针脚"的电压。使用万用表的黑表笔连接接地点，红表笔连接电池管理模块的 BK45A-15 号针脚，正常的电压应为 12 V 左右

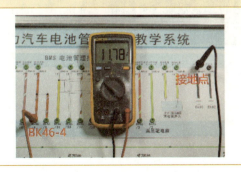

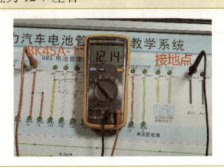

（3）如果预充接触器的电源电压正常，需要测量预充接触器控制端的电压。使用万用表的黑表笔连接接地点，红表笔连接高压配电箱的 BK46-10 号针脚，正常的电压应为 12 V 左右

（4）如果预充接触器控制端的电压正常，需要测量电池管理模块控制针脚的电压。使用万用表的黑表笔连接接地点，红表笔连接电池管理模块的 BK45A-21 号针脚，正常的电压应为 12 V 左右

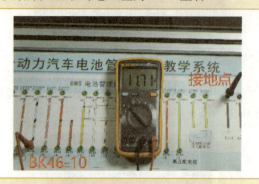

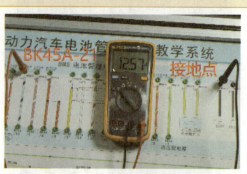

（5）如果预充接触器控制端的电压异常，需要测量预充接触器的线圈电阻

①关闭电源开关，断开蓄电池的负极电缆

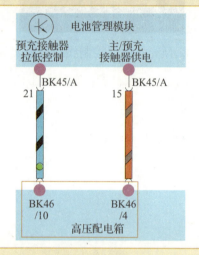

②断开高压配电箱的插接器 BK46

③万用表开关旋转到电阻挡，使用万用表的红、黑表笔分别连接 BK46-4 号针脚和 BK46-10 号针脚，正常电阻应在 50 Ω 左右

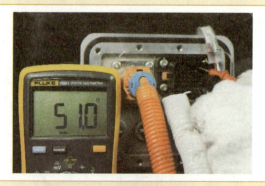

（6）经万用表测得，高压配电箱的 BK46-10 号针脚的电压正常，电池管理模块 BK45A-21 号针脚的电压异常。可以判断高压配电箱的 BK46-10 号针脚到电池管理模块 BK45A-21 号针脚间线路存在断路故障

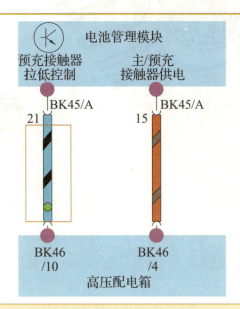

第四步: 故障维修

维修故障线束，更换相关配件

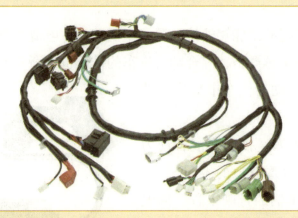

第五步: 维修后检查

（1）操作电源开关，起动车辆，检查故障现象是否消失	（2）使用诊断仪再次进行诊断，确定故障排除

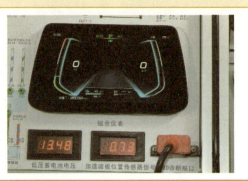

３　任务评价

　　完成实训任务后，对任务完成情况进行评价。

项目三

插电式混合动力汽车充电系统维护与诊断

插电式混合动力汽车指的是能够外接电源给车辆动力蓄电池充电的混合动力汽车。随着国家对汽车排放的要求越来越严格，混合动力汽车的排放也逐渐不能满足排放要求。因此插电式混合动力汽车在混合动力汽车市场所占的比重越来越大。

相比传统混合动力汽车，插电式混合动力汽车有充电系统而且动力蓄电池的容量较大，以增加在纯电动模式下车辆的行驶里程。插电式混合动力汽车只配有慢速充电系统，其充电系统的充电标准与纯电动汽车慢充系统的充电标准完全相同，如图 3-1 所示。

图 3-1　插电式混合动力汽车充电系统

▮ 项目目标 →

知识目标

◇ 掌握充电系统的结构和工作原理。

◇ 能够识读充电系统电路图。

◇ 了解充电系统部件插接器针脚定义。

技能目标

◇ 能够识别充电系统各组成部件并且能够指出它们的位置。

◇ 能够正确检查和维护充电系统。

◇ 能够正确检测充电系统出现的故障。

素养目标

◇ 能够遵纪守法、诚实守信，传承中华民族的传统美德。

◇ 能够严于律己、宽以待人，和同学及老师建立良好的关系。

◇ 实践过程中，培养集体意识和团队合作精神，养成规范操作的职业素养。

◇ 培养工匠精神，提升质量意识、安全意识、节能环保意识等职业素养。

◇ 培养个人荣誉感和集体荣誉感，培养劳模精神。

任务一　充电系统结构分析与维护

任务目标

◇ 掌握充电的结构和工作原理。

◇ 能够独立完成混合动力汽车驱动系统的检查与维护。

情景导入

小马是新能源维修专业即将毕业的学生。他参加了一家新能源汽车维修店的招聘会。招聘人员给他安排了一场考核，题目是《混合动力汽车充电系统结构布局》。小马运用自己的专业知识，圆满地完成了考核，如愿地找到了工作。

假如你也是即将毕业的学生，能否像小马一样获得认可呢？接下来，请继续获取该系统的知识和技能吧。

应知应会

一、充电系统的结构和工作原理

现阶段，新能源汽车的充电方式主要为接触式充电，分为直流快充和交流慢充两种，如图 3-2 所示。交流慢充充电的电源为交流电，充电功率和充电电流小，充电时间较长，主要用于家庭或工作单位等场景充电。直流快充充电的电源是直流电，电源直接加载在动力蓄电池两端。充电功率和充电电流一般较大，充电时间短，主要应用于高速公路、公共设施等场景。插电式混合动力汽车的充电系统属于交流慢充系统。

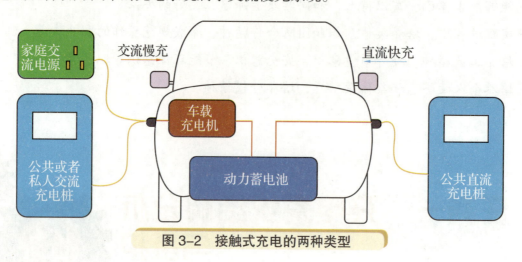

图 3-2　接触式充电的两种类型

I. 交流充电系统的结构

交流充电系统指的是将外界的交流电源接入车辆的车载充电机，由车载充电机把输入的交流电转变为直流电，给动力蓄电池充电的充电系统。交流充电系统主要由交流供电装置、充电接口、车载充电机、高压配电箱以及动力蓄电池等部件组成，如图 3-3 所示。

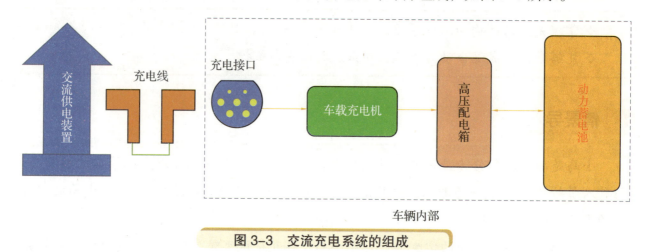

图 3-3　交流充电系统的组成

1）交流供电装置

交流供电装置本身不具备充电功能，只是给车辆提供交流电的输出，将交流电输送到车辆的车载充电机，由车载充电机给动力蓄电池充电。交流供电装置可分为充电桩式供电装置、壁挂式供电装置和便携式供电装置 3 种，如图 3-4 所示。

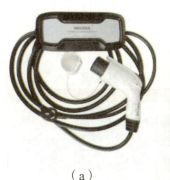
（a）

（b）

（c）

图 3-4　交流供电装置的 3 种类型

（a）便携式供电装置；（b）壁挂式供电装置；（c）充电桩式供电装置

这三种供电装置的结构相似、原理相同，主要区别在于供电功率不同。便携式供电装置功率最小，充电最慢，它的优点是携带方便，可以随时充电。壁挂式供电装置的功率中等，是最常见的供电装置，将它安装在家庭附近，能够满足一晚将车辆充满。充电桩式供电装置的功率最大，由电力企业建设，属于公用充电桩，是交流充电装置中充电最快的。

（1）交流供电装置的组成。

以便携式供电装置为例，交流供电装置由电源线、供电装置控制模块、交流充电枪组成，如图 3-5 所示。

①电源线。

电源线将供电装置连接到国家电网，为供电装置提供 220 V 的交流电。

②供电装置控制模块。

供电装置控制模块用来控制交流电源的输出，它通过信号线与车载充电装置连接，只有满足安全充电的条件，才会控制输送交流电到车载充电装置。在充电过程中，它还监测输出电流的大小、指示充电状态等。

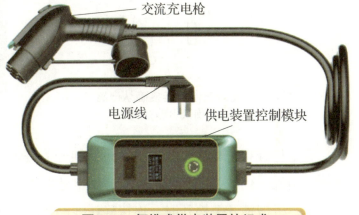

交流充电枪

电源线　　供电装置控制模块

图 3-5　便携式供电装置的组成

③交流充电枪。

交流充电枪是交流供电装置与车载充电装置连接的接口，其内部设置有充电连接确认电路，用于车辆充电装置确认充电接口连接状态。

交流充电枪由机械锁和连接端子组成，如图 3-6 所示。

交流充电枪的机械锁，是交流充电枪与交流充电接口连接的锁止机构，防止充电过程中充电枪被碰落，其结构如图 3-7 所示。

另外，机械锁还控制充电枪内部的充电连接确认电路的状态，用于插拔充电枪时，断开交流电的输出，防止触电事故，如图 3-8、图 3-9 所示。

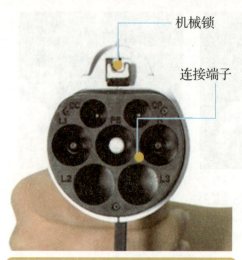

图 3-6　交流充电枪的结构

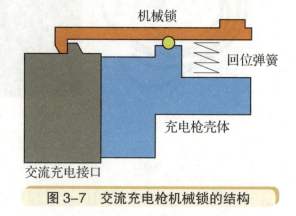

图 3-7　交流充电枪机械锁的结构

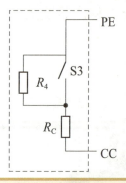

图 3-8　交流充电枪连接确认电路

S3—连接确认电路开关

图 3-9　交流充电枪内部电路

充电枪连接充电接口状态下，机械锁开关按下时，连接确认电路 S3 开关断开（图 3-8），供电装置不供电或停止供电；机械锁开关松开时，连接确认线路接通，供电装置视情况供电。

2）充电接口

交流充电接口的作用是与供电装置的充电枪紧密相连，将交流电源、信号控制电路传导到车载充电装置，完成充电连接。交流慢充接口必须符合国家标准，因此我国各个新能源汽车品牌的充电接口是统一的。

交流充电接口通常由接口端子和充电枪锁组成，如图 3-10 所示。

图 3-10　交流充电接口

（1）充电枪锁。

充电接口上安装有充电枪锁。充电枪锁是充电接口上的防盗装置，其目的是防止充电过程中充电枪被盗，如图 3-11 所示。

（2）充电接口端子。

充电接口的端子布局如图 3-12 所示。充电接口端子各个针脚的含义如表 3-1 所示。

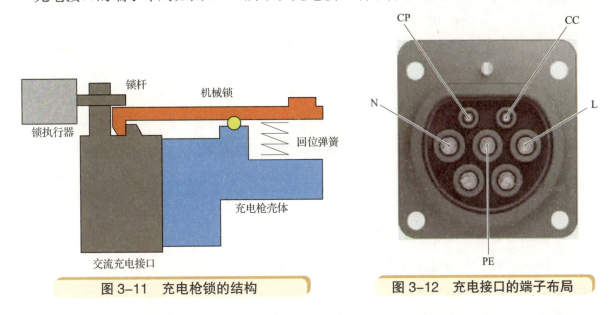

图 3-11　充电枪锁的结构　　　　图 3-12　充电接口的端子布局

表 3-1　充电接口端子各个针脚的含义

针脚	功能
L	俗称火线，交流电源线
N	俗称零线，交流电源接地线
PE	保护接地线
CC	充电连接确认线（内部确认）
CP	控制确认线（车辆和供电装置相互确认）

3）车载充电机

车载充电机（图 3-13）的功能是，将 220 V 交流电转换为高压直流电给动力蓄电池充电，并依据动力蓄电池状态发生变化，调节充电电流的大小。车载充电机还具有充电保护功能，当充电系统出现异常时会及时切断供电。

车载充电机的内部由整流电路、升压电路、逆变电路、变压器和整流电路等部件组成，如图 3-14 所示。

图 3-13　车载充电机

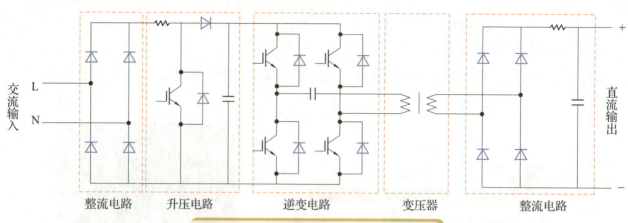

交流输入
L
N

整流电路　升压电路　逆变电路　变压器　整流电路

直流输出
+
－

图 3-14　车载充电机的内部结构原理

车载充电机工作过程如下：

（1）交流电由整流电路整流为直流电；

（2）根据动力蓄电池的充电需求，直流电在升压电路升压；

（3）升压后的直流电通过逆变电路逆变为交流电；

（4）交流电通过变压器变压；

（5）变压后的交流电再整流成电压合适的高压直流电，供给动力蓄电池充电。

4）高压配电箱

高压配电箱的功能是将动力蓄电池的电能分配给各高压用电模块，也可将车载充电机输出的电能分配给动力蓄电池，如图 3-15 所示。

高压配电箱不是高压系统的必备元件，某些车型没有设置高压配电箱，还有一些车型将高压配电箱设置在动力蓄电池的内部。

5）动力蓄电池

动力蓄电池是充电系统的电能接收元件，在充电时，动力蓄电池管理系统辅助工作，检测动力蓄电池的电量、温度、电压等信息，通过 CAN 网络与车载充电机交流，确认充电需求后，控制接触器接通车载充电机的充电线路，由车载充电机进行充电。

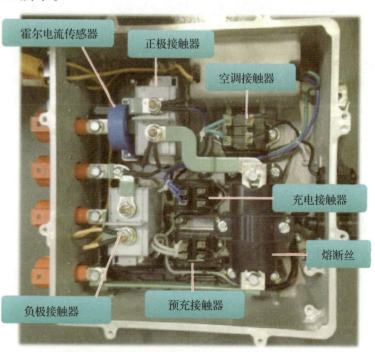

霍尔电流传感器　正极接触器　空调接触器　充电接触器　熔断丝　负极接触器　预充接触器

图 3-15　高压配电箱的内部构造

2 充电系统的工作原理

交流充电系统原理图如图 3-16 所示。它的工作过程分为充电控制和停止充电控制。

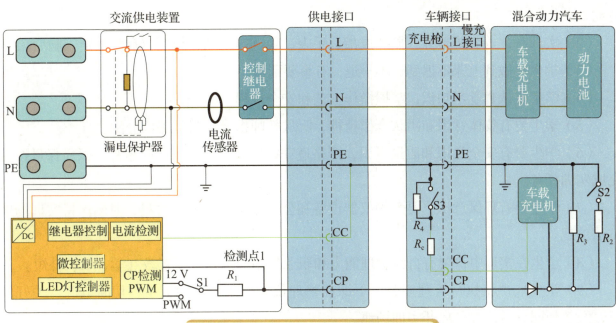

图 3-16　交流充电系统原理图

1）充电控制

充电枪连接到车辆的充电接口后，车载充电机接收到 CC 信号开始工作，供电给动力蓄电池管理模块、仪表等模块，使它们工作。车载充电机通过 CAN 网络与动力蓄电池管理模块通信，确认动力蓄电池数据正常，需要充电。然后车载充电机通过 CP 信号电路发送信号，控制供电装置供电。交流电进入车载充电机后，由车载充电机进行整流变压，输送给动力蓄电池，给动力蓄电池充电。

2）停止充电控制

按下充电枪上的机械开关或者动力蓄电池充满电后，车载充电机接收到停止充电信号，通过 CP 信号电路发送信号给供电装置，控制供电装置断开输送到车载充电机的交流电，停止充电。

 **技能实训**

一、实训规则

1. 目的

为了规范实训教学，提供良好的实训环境，将教学实训安全、高效、有序地进行，特制定本规则。

2. 规则

（1）学生要履行道德准则和行为规范，做到遵纪守法、诚实守信、文明礼貌、热爱劳动。

（2）实训时，着装要整齐，摘掉戒指、手表、项链等物品，长发应盘起固定于脑后。

（3）学生要做到上课不迟到、不早退；有事要请假。

（4）学生要认真学习知识，掌握操作工艺和安全规程。

（5）学生要有集体意识和团队合作精神，听从教师指导，服从工位分配。

（6）学生要有安全意识和质量意识，严格遵守操作规范，发扬工匠精神，保质保量按时完成实训任务。

（7）学生要有环保意识，要爱护仪器设备和公共设施，要节约材料，时刻保持实训场地整洁美观。

（8）学生在实训中，要有自我管理能力和职业规划的意识，要互教互学、取长补短。

（9）学生应严格执行管理规范，下课前整理仪器设备、清理卫生、切断电源、关好门窗，经教师同意后，方可离开实训场地。

二、实训注意事项 》》

（1）对动力蓄电池等高压系统进行实训时，必须严格按照高压安全注意事项操作。

①在对高压设备进行实训时，必须设立专职监护人，由监护人指挥操作。

②操作人员需穿戴绝缘服、绝缘手套、绝缘鞋、护目镜等绝缘防护品。

③点火开关必须处于OFF状态，钥匙妥善保管；断开车辆或设备的辅助蓄电池，静置10 min以上；拔下维修开关并妥善保管（没有维修开关的车型可省略这一步）。

④维护或检修高压部件需使用专用绝缘工具。

⑤断开高压部件后，立即用绝缘胶带封堵被断开的高压线束连接器。

⑥禁止正、负极线路对接，避免正极或负极经人体接地。

⑦高压系统在检修完毕后，需由监护人检查并确认能够上电。

⑧在实训场地放置灭火器，注意不能使用水基灭火器。

（2）在实训时，如果需要使用举升机，需要注意以下事项：

①举升车辆不得超过该产品的额定举升质量。

②应将车辆较重的部位置于短举升臂上。

③举升车辆前，将举升臂放到被托举车辆的合适位置后，转动4个橡胶托盘，使4个托盘距离车身位置相等，然后再举升车辆。

④车辆举升离地10 cm左右时，检查托盘与车身的连接位置，并晃动车身，确认安全后才能继续举升。

⑤举升过程中，严禁车下站人。

⑥车辆举升完成后，确认举升机保险被落下。

三、充电系统结构认知

本书中"充电系统结构认知任务"以"混合动力汽车充电实训教学系统"（图3-17）为载体，开展对混合动力汽车充电系统的实训。完成混合动力汽车充电系统结构原理认知、检查维护与故障检测等理实一体化教学。

图3-17　混合动力汽车充电实训教学系统

1. 任务准备

◇ 操作设备：混合动力汽车充电实训教学系统。

◇ 工具/材料：便利贴、签字笔。

◇ 人员分工：组长1名、记录人员2名、检验员2名、操作人员若干，以上角色可通过选举、抽签或老师指定等方式担任，通过多个任务的训练，争取让每个学生轮流担任不同角色，以提升学生的综合素质。

◇ 实训场地：混合动力汽车实训实验室。

2. 任务实施

在实训时，要有安全意识、质量意识、环保意识。实训过程中，要勇于创新，发扬精益求精的工匠精神。

（1）老师要组织研讨会，探讨实训台高压的危害、高温部件烫伤危害及实训台安全操作的方法。

（2）指定同学检查实训台电源开关，确定处于OFF状态，收起智能钥匙安全放置。指定同学断开实训台的辅助蓄电池。在充电系统高压部件位置和高温部件位置放置安全警告装置。

（3）将表3-2所示部件/零件池中充电系统的零部件名称写在便利贴上，粘贴在充电实训台外壳上对应的零件位置。

表3-2　部件/零件池

供电装置	充电枪、供电装置控制模块
车载充电系统元件	充电接口、充电枪锁、车载充电机、PTC驱动器、动力蓄电池、动力蓄电池控制模块

（4）完成上面的操作后，将部件名称填入下方的结构图中。

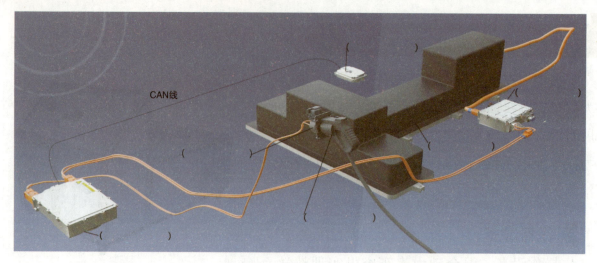

（5）将充电接口的针脚号，填入下方的图中。

（6）实训任务完成后，指定学生连接实训台的电源。使用智能钥匙打开电源开关，检查确认混合动力汽车驱动电机控制实训教学系统，能够正常工作。

3. 任务评价

完成实训任务后，对任务完成情况进行评价。

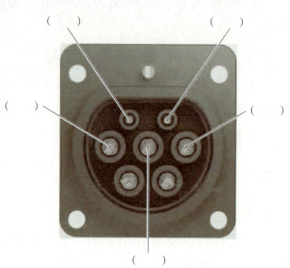

四、充电系统检查与维护

1. 任务准备

◇ 操作车辆：以 2019 款比亚迪秦混合动力汽车为例。

◇ 工具 / 材料：工作服、线手套、诊断仪、交流充电桩。

◇ 人员分工：组长 1 名、记录人员 2 名、检验员 2 名、操作人员若干，以上角色可通过选举、抽签或老师指定等方式担任，通过多个任务的训练，争取让每个学生轮流担任不同角色，以提升学生的综合素质。

◇ 实训场地：带举升机的标准工位。

2. 任务实施

在实训时，要有安全意识、质量意识、环保意识。实训过程中，要勇于创新，发扬精益求精的工匠精神。

检查前防护	
个人防护：维修人员穿好工装、戴好手套	**整车防护**：车内部铺设脚垫、座椅套和转向盘套；车外铺设翼子板和前格栅护罩

充电系统检查与维护	
第一步：打开充电口舱盖，确定充电口舱盖开启正常	**第四步**：检查充电口的外观，是否破损；充电口端子是否变形或开裂。检查完毕，关闭充电口保护盖

第二步：检查充电口舱盖的外观，是否变形；晃动充电口舱盖，检查铰链是否松动或卡滞	**第五步**：打开后备厢，取出便携式充电装置。检查便携式充电装置的外观，是否有变形或破损；检查线束接头部位，是否存在损伤
	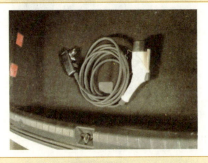
第三步：打开充电口保护盖，观察充电口保护盖的外观是否变形或开裂；检查充电口盖的密封圈是否正常	**第六步**：检查充电枪，按压充电枪的机械开关，检查机械开关是否正常
	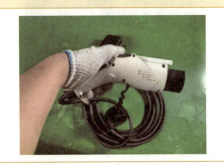

第七步： 将便携式充电装置的电源接头插入大功率电源插座，充电枪插入车辆的充电口	**第十一步：** 充电枪锁闭锁状态下，拉下微动开关，检查充电枪锁是否正常解锁；充电枪锁开锁状态下，拉下微动开关，检查充电枪锁是否正常锁止
	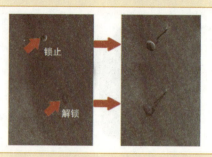
第八步： 观察仪表，确认车辆是否进入充电状态	**第十二步：** 使用诊断仪读取车载充电机的故障码，读取车载充电机的数据流，查看充电系统是否存在故障

第九步： 操作智能钥匙闭锁车辆，观察充电枪锁是否正常锁止	**第十三步：** 断开充电枪，关闭充电口保护盖和充电口舱盖

第十步： 操作智能钥匙解锁车辆，观察充电枪锁是否正常解锁	**第十四步：** 断开便携式充电设备的电源插头，将便携式充电设备放回车内。充电系统的检查完成

3 任务评价

完成实训任务后，对任务完成情况进行评价。

任务二　充电系统的诊断

任务目标

◇ 熟悉混合动力汽车充电系统的电路图。

◇ 掌握混合动力汽车充电系统部件插接器的针脚定义。

◇ 能够对混合动力汽车充电系统进行故障诊断与排除。

情景导入

　　吕先生是一个环保人士，他平时驾驶一辆插电式混合动力汽车工作、生活。每天晚上他都会将车辆充满电，保证第二天使用。今天他在家中给车辆充电时，发现车辆无法充电，于是使用附近的公用充电设备充电，发现也不能充电，赶忙将车辆开到维修厂维修。假如你是一个维修技师，能否快速为吕先生解决这个问题？接下来，请继续获取该系统的知识和技能。

应知应会

一、充电系统控制电路识读

　　混合动力汽车的充电系统由交流供电装置和车载充电系统两部分组成。因此，可以把充电系统的电路分为交流供电装置控制电路和车载充电系统控制电路。

1. 交流供电装置控制电路识读

　　如图 3-18 所示，交流供电装置控制电路的工作过程为：充电枪插入车辆接口，车辆充电控制模块通过 CP 信号电路发送供电控制信号给交流充电桩控制模块。交流充电桩控制模块通过读卡器读取电卡信息，并通过人员在液晶触摸屏上的操作，确定供电量、供电时刻等设置信息。交流充电桩控制模块确定供电要求成熟后，控制充电控制继电器吸合，给车辆提供交流电。在供电过程中，交流充电桩控制模块通过电能表、电流传感器监测供电状态，并将交流充电桩的工作状态显示在状态显示屏。当交流充电桩控制模块确定供电任务已完成、CP供电控制信号解除或供电电路异常等任一条件时，交流充电桩控制模块将控制充电控制继电器切断供电。

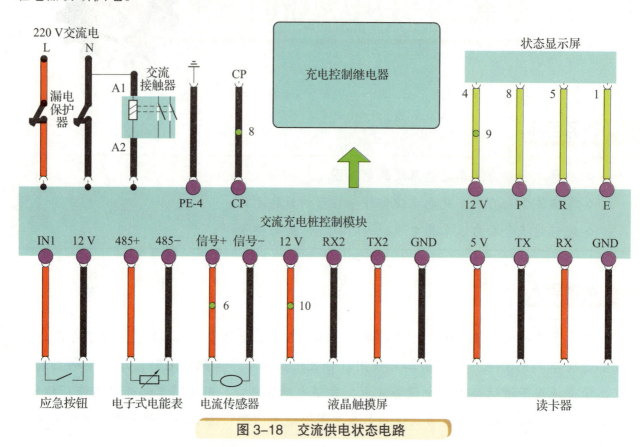

图 3-18　交流供电状态电路

2. 车载充电系统控制电路识读

　　新能源汽车的车载充电系统根据车型不同，车载充电系统的控制电路也有所差异，下面以2019款比亚迪秦混合动力汽车车载充电系统为例，识读车载充电系统控制电路。如图3-19所示，车载充电系统控制电路的工作过程为：充电枪插入充电接口后，车载充电机通过CC电路接收到充电连接确认信号，被唤醒。车载充电机发送充电信号给电池管理模块，使其开始工作。电池管理模块唤醒其他与充电相关的模块，如整车控制模块、驱动电机控制模块等，并与之建立通信，确定车辆正常。同时电池管理模块进行自检，检查动力蓄电池的电量、温度、电压等信息，确认动力蓄电池符合充电条件，然后控制动力蓄电池的接触器闭合，接通充电线路。电池管理模块将动力蓄电池的电量、温度、电压等信息通过CAN网络发送给车载充电机。车载充电机确认充电准备完成，将通过CP信号电路发送供电信号给充电桩，控制供电装置供电。车载充电机根据动力电池状态信息计算出充电的电压、电流，供给动力蓄电池充电。在充电过程中，仪表通过CAN网络获取动力蓄电池的电量和充电电流等信息，显示车辆充电状态。当充电完成或系统出现故障时，车载充电机通过CP电路发送信号，控制供电装置停止供电，停止充电工作。

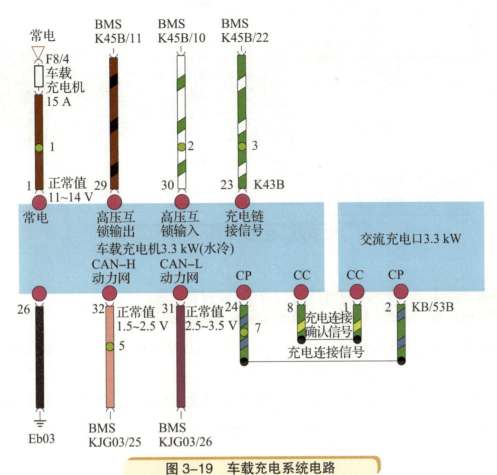

图 3-19 车载充电系统电路

3. 充电枪锁电路识读

如图 3-20 所示，当车辆处于充电状态时，此时如果按下锁车键，BCM 将给充电枪锁的闭锁电路供电，锁止充电枪，并通过检测开关电路获取闭锁状态。充电枪锁止时，按下开锁键，BCM 将给充电枪锁的开锁电路供电，解锁充电枪，并通过检测开关电路获取开锁状态。

4. 充电系统高压电路识读

如图 3-21 所示，当充电条件满足时，电池管理模块工作，控制 3 个接触器工作，接通充电线路；220 V 交流电从充电接口输入车载充电机；车载充电机将 220 V 交流电转换成电压合适的直流高压电输送到电池组充电。

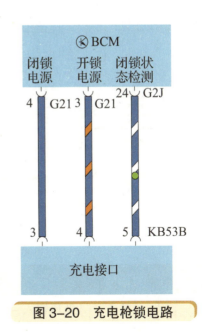

图 3-20 充电枪锁电路

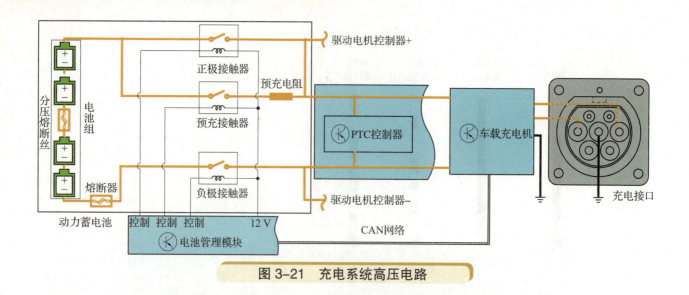

图 3-21 充电系统高压电路

二、充电系统部件插接器针脚介绍

本课程以 2019 款比亚迪秦混合动力汽车充电系统为例，介绍充电系统元件的插接器针脚。

充电系统主要元件插接器有车载充电机低压插接器 K43B、充电接口插接器 KB53B，如图 3-22 所示。各部件插接器针脚定义如表 3-3 所示。

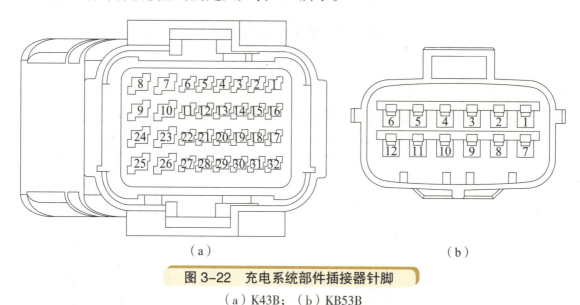

（a）   （b）

图 3-22 充电系统部件插接器针脚

（a）K43B；（b）KB53B

表 3-3 充电系统部件插接器针脚介绍

插接器	针脚号	针脚名称	针脚定义	线束连接	信号类型
K43B	1	低压输入 - 正	常电电源	接 12 V 常电电源	电源
	8	CC	充电连接确认	接充电接口 KB53B-1	电阻
	23	CC-BMS	充电连接信号	接 BMS K45B-22	电压

续表

插接器	针脚号	针脚名称	针脚定义	线束连接	信号类型
K43B	24	CP	充电控制引导	接充电接口 KB53B-2	PWM
	26	低压输入-负	常电电源地	接车身地	电源地
	29	高压互锁输出	高压互锁输出	接 BMS K45B-11	PWM
	30	高压互锁输入	高压互锁输入	接 BMS K45B-10	PWM
	31	CAN-L	ECM 网 CAN 线	ECM 网	CAN 信号
	32	CAN-H	ECM 网 CAN 线	ECM 网	CAN 信号
KB53B	1	CC	充电连接确认	接充电接口 K43B-8	电阻
	2	CP	充电控制引导	接充电接口 K43B-24	PWM
	3	闭锁	闭锁电源	接 BCM G2I-4	电源
	4	开锁	开锁电源	接 BCM G2I-3	电源
	5	闭锁监测开关	充电枪锁位置监测开关	接 BCM G2J-24	电压

技能实训

一、实训规则

1. 目的

　　为了规范实训教学，提供良好的实训环境，使实训教学安全、高效、有序地进行，特制定本规则。

2. 规则

　　（1）学生要履行道德准则和行为规范，做到遵纪守法、诚实守信、文明礼貌、热爱劳动。

　　（2）实训时，着装要整齐，摘掉戒指、手表、项链等物品，长发应盘起固定于脑后。

　　（3）学生要做到上课不迟到、不早退；有事要请假。

　　（4）学生要认真学习知识，掌握操作工艺和安全规程。

　　（5）学生要有集体意识和团队合作精神，听从教师指导，服从工位分配。

　　（6）学生要有安全意识和质量意识，严格遵守操作规范，发扬工匠精神，保质保量按时完成实训任务。

　　（7）学生要有环保意识，要爱护仪器设备和公共设施，要节约材料，时刻保持实训场地整洁美观。

（8）学生在实训中，要有自我管理能力和职业规划的意识，要互教互学、取长补短。

（9）学生应严格执行管理规范，下课前整理仪器设备、清理卫生、切断电源、关好门窗，经教师同意后，方可离开实训场地。

二、实训注意事项 》》

（1）对充电系统等高压系统进行实训时，必须严格按照高压安全注意事项操作。

①在对高压设备进行实训时，必须设立专职监护人，由监护人指挥操作。

②操作人员需穿戴绝缘服、绝缘手套、绝缘鞋、护目镜等绝缘防护品。

③点火开关必须处于 OFF 状态，钥匙妥善保管；断开车辆或设备的辅助蓄电池，静置10 min 以上；拔下维修开关并妥善保管（没有维修开关的车型可省略这一步）。

④维护或检修高压部件需使用专用绝缘工具。

⑤断开高压部件后，立即用绝缘胶带封堵被断开的高压线束连接器。

⑥禁止正、负极线路对接，避免正极或负极经人体接地。

⑦高压系统在检修完毕后，需由监护人检查并确认能够上电。

⑧在实训场地放置灭火器，注意不能使用水基灭火器。

（2）当使用专用实训设备进行实训时，必须严格按照设备操作流程进行实训。

①进行实训前，首先勘察实训场地，是否有漏电、火灾、摔倒、中毒等风险。

②在操作实训设备前，首先检查设备是否损伤，设备线路是否连接完好。

③实训设备开机后，需等设备运转平稳，然后操作设备。

④操作设备时，应正确使用工具，严禁暴力拆装，胡乱跨接测量。

⑤实训过程中，要团队协作，制订计划，明确分工。

⑥使用万用表测量时，必须选对测量挡位及量程，以免影响测量结果或损坏万用表。

⑦使用诊断仪诊断故障时，确保诊断线路连接可靠，车辆电源开关处于 ON 挡状态。

三、故障检测流程 》》

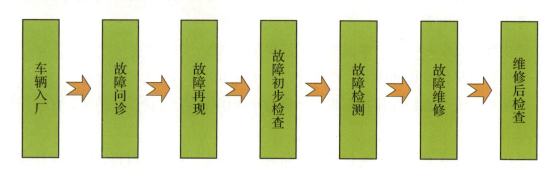

四、充电系统信号电路故障诊断

本书中"充电系统信号电路故障诊断任务"以"混合动力汽车充电实训教学系统"（图3-17）为载体，开展对混合动力汽车充电系统的实训。完成充电系统结构原理认知、检查维护与故障检测等理实一体化教学。

充电系统信号
电路故障诊断

1. 任务准备

◇ 操作设备：混合动力汽车充电实训教学系统。

◇ 工具/材料：万用表、跨接线、诊断仪、绝缘服、绝缘鞋、绝缘手套、护目镜。

◇ 人员分工：组长1名、记录人员2名、检验员2名、操作人员若干，以上角色可通过选举、抽签或老师指定等方式担任，通过多个任务的训练，争取让每个学生轮流担任不同角色，以提升学生的综合素质。

◇ 实训场地：混合动力汽车实训实验室。

2. 任务实施

在实训时，要有安全意识、质量意识、环保意识。实训过程中，要勇于创新，发扬精益求精的工匠精神。

（1）老师要组织研讨会，探讨实训台架高压的危害及实训台架安全操作的方法。

（2）实训任务前，需连接混合动力汽车6个实训台架。

注意：台架组装期间，严禁操作人员之外的人员接近台架。

①操作人员穿戴绝缘服、绝缘手套、绝缘鞋、护目镜等绝缘套装。

②确认6合1混合动力汽车实训台架的辅助蓄电池负极端子断开。

③操作人员连接6个混合动力实训台架之间的连接线路。

④确认台架之间的线路连接正确，并连接辅助蓄电池负极端子。

⑤操作人员操作实训台架的电源开关，确定混合动力汽车实训台架工作正常。

（3）给实训中不需要操作的实训台架周围设置防护栏。

故障检测前防护
个人防护：维修人员穿好工装、戴好手套

故障检测	
第一步：故障再现	
（1）将充电枪插入充电接口，交流供电装置显示实训台进入充电状态，仪表上没有充电显示	（2）确认故障现象后，拔下充电枪
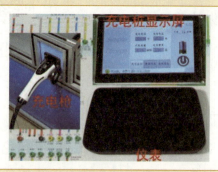	
第二步：故障初步检查	
（1）将充电枪插入充电接口，确认交流供电装置进入供电状态	（3）使用诊断仪读取车载充电机的数据流，确定车辆处于"充电开始"状态，充电电流为 10.2 A

（2）使用诊断仪检测故障码，发现没有故障码	（4）可能造成故障的原因有：①电池管理模块到车载充电机的充电连接信号线路故障。②电池管理模块到仪表的充电仪表指示灯信号线路故障。③车载充电机故障。④电池管理模块故障。⑤仪表故障
	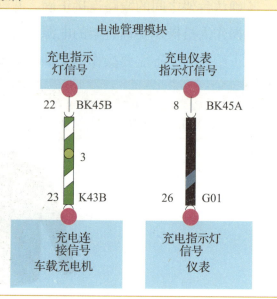

第三步：故障检测	
（1）根据故障的可能原因，首先测量车载充电机和电池管理模块的充电连接信号电压	①拔下充电枪

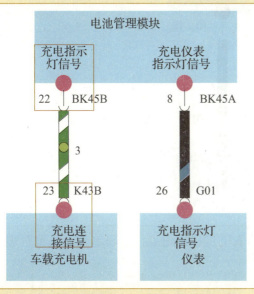

电池管理模块

充电指示灯信号

充电仪表指示灯信号

22　BK45B

8　　BK45A

3

23　K43B

26　G01

充电连接信号

车载充电机

充电指示灯信号

仪表

②测量车载充电机端的充电连接信号电压。万用表开关旋到电压挡，使用黑表笔连接接地点，红表笔连接 K43B-23 号针脚，正常电压应为 12 V 左右。

插入充电枪，车载充电机端的充电连接信号电压正常应变为 0 V

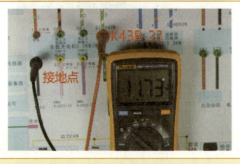

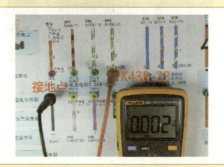

③测量电池管理模块端的充电连接信号电压。使用万用表红表笔连接 K45B-22 号针脚，黑表笔连接接地点，正常电压应为 12 V 左右。

插入充电枪，电池管理模块端的充电连接信号电压正常应变为 0 V

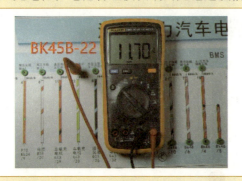

（2）如果电池管理模块位置的充电连接信号电压正常，车载充电机位置的信号电压异常，则电池管理模块到车载充电机的充电连接信号线路存在断路故障。如果电池管理模块位置和车载充电机位置的充电连接信号电压都异常，测量线路短路故障

电池管理模块

充电指示
灯信号

充电仪表
指示灯信号

22 BK45B

8 BK45A

3

23 K43B

26 G01

充电连
接信号
车载充电机

充电指示灯
信号
仪表

（3）测量充电仪表指示灯信号电压。使用万用表的黑表笔连接接地点，红表笔连接电池管理模块
BK45A-8 号针脚，正常电压应在 12 V 左右。

　　插入充电枪，正常电压应变为 0 V

 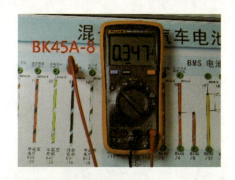

（4）如果充电指示灯信号电压异常，测量电池管理模块到仪表间的充电仪表指示灯信号线路是否存
在故障

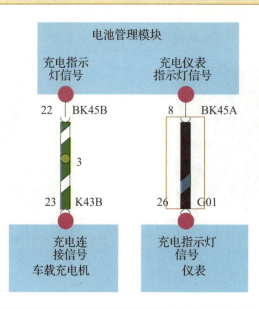

（5）经检测发现，充电枪未插入充电接口时，车载充电机 K43B-23 号针脚的电压为 0.002 V，K45B-22 号针脚的电压为 11.70 V。因此判断，电池管理模块到车载充电机间充电连接信号线路存在断路故障

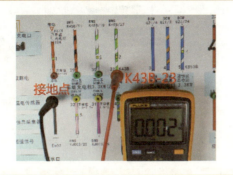 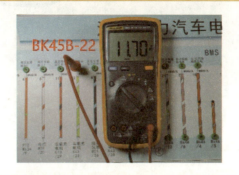

第四步： 故障维修

维修故障线束，更换相关配件

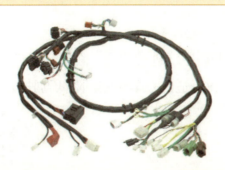

第五步： 维修后检查

（1）操作充电枪插入充电接口，检查仪表是否显示正常充电状态	（2）使用诊断仪再次进行诊断，查看充电数据，确定故障排除
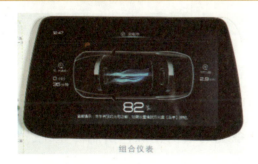	

3. ▶ 任务评价

　　完成实训任务后，对任务完成情况进行评价。

项目四

混合动力汽车空调系统维护与诊断

汽车空调系统是实现对车厢内空气进行制冷、除湿、加热、换气和空气净化的装置,如图4-1所示。它可以为乘车人员提供舒适的乘车环境,降低驾驶员的疲劳强度,提高行车安全。

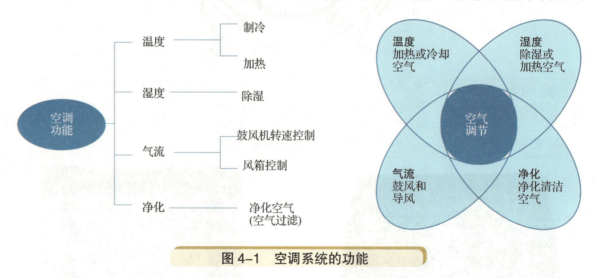

图4-1 空调系统的功能

混合动力汽车的空调系统与传统燃油汽车空调系统的结构相似,由制冷系统、加热系统、通风及空气净化装置和控制系统组成。

制冷系统:对车内空气或由外部进入车内的新鲜空气进行冷却或除湿,使车厢内空气变得凉爽舒适。

加热系统:对车内空气或由外部进入车内的新鲜空气进行加热,达到取暖、除湿的目的。

气流控制:控制车内空气流速、流向,实现车内、车外空气循环;温度调节;风窗玻璃除雾等功能。

空气净化:除去车内空气中的粉尘、异味、烟气及有毒气体,使车内空气变得清洁。

控制系统:接收各传感器及开关的信号并进行分析处理,执行对车厢内空气的温度、风量、流向的综合调节,完善空调系统的功能。

项目目标

知识目标

◇ 混合动力汽车空调系统的特点。

◇ 混合动力汽车空调制冷及控制系统的结构和原理。

◇ 空调供暖系统的结构和控制原理。

◇ 空调通风及控制系统的结构和原理。

◇ 空调系统电路图。

◇ 空调控制系统部件插接器针脚定义。

技能目标

◇ 能够识别混合动力汽车空调系统各组成部件并且能够指出它们的位置。

◇ 能够独立完成混合动力汽车空调系统检查和维护工作。

◇ 能够独立完成混合动力汽车空调系统电气故障诊断工作。

素养目标

◇ 能够遵纪守法、诚实守信，传承中华民族的传统美德。

◇ 能够严于律己、宽以待人，和同学及老师建立良好的关系。

◇ 实践过程中，培养集体意识和团队合作精神，养成规范操作的职业素养。

◇ 培养工匠精神，提升质量意识、安全意识、节能环保意识等职业素养。

◇ 培养个人荣誉感和集体荣誉感，培养劳模精神。

任务一　混合动力汽车空调系统结构分析与维护

任务目标

◇ 了解混合动力汽车空调系统的特点。

◇ 掌握混合动力汽车电动空调系统的结构和控制原理。

◇ 掌握混合动力汽车空调制热系统的结构和控制原理。

◇ 掌握空调通风系统的结构和控制原理。

◇ 能够独立完成混合动力汽车空调系统的检查与维护。

✏️ 情景导入

　　小明是一家汽车修理店的新能源汽车维修实习生，正在接受上岗培训工作。当前的培训任务是《混合动力汽车空调系统的检查和维护》。在进行实训前，培训人员吩咐小明首先了解混合动力汽车空调系统的特点、结构和工作原理等知识。学习了这些知识后，在培训人员的指导下，小明开始着手对混合动力汽车空调系统进行检查和维护，顺利完成了上岗培训任务。

　　下面让我们跟随小明的学习进程开始本任务的学习。

✏️ 应知应会

一、混合动力汽车空调系统的特点

　　混合动力汽车空调系统的基本构造与传统燃油汽车的空调系统相同，都是由制冷系统、加热系统、通风及空气净化系统和控制系统组成。

　　燃油汽车的空调系统依靠发动机作为空调制冷的动力和加热的热源。它的制冷系统的压缩机由发动机通过皮带驱动工作；加热系统由发动机冷却液导出的燃烧废热提供热源，空调系统制冷和加热都与发动机有关，如图 4-2 所示。

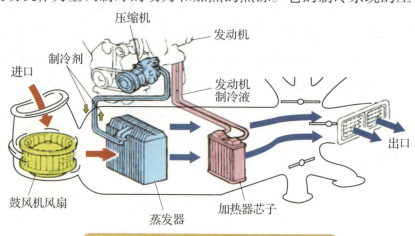

图 4-2　燃油车空调系统的结构

　　混合动力汽车在行驶时，发动机可能不工作，不能给空调系统提供持续的动力和暖风所需要的热量。考虑到纯电动状态下车辆行驶的需求，混合动力汽车的制冷系统采用电动压缩机替换了皮带传动的空调压缩机，不再直接使用发动机的动能，如图 4-3 所示；加热系统除了使用发动机的燃烧废热，还加装了 PTC 加热系统（图 4-4），采用双系统制热。

图 4-3　电动压缩机

图 4-4　PTC 加热系统

1. 制冷系统的特点

混合动力汽车的制冷系统采用电动压缩机，由动力蓄电池提供的高压电提供动力。电动压缩机的电机和压缩机之间不需要皮带传动，与燃油汽车的空调压缩机相比，安装位置不受皮带连接限制，可以安装在车辆的任何位置。电动压缩机的主要控制部件有微处理器和逆变器。微处理器可以根据空调系统的需求，通过逆变器控制电机的转矩和转速，实现压缩机的变排量控制，提供恒定的制冷输出。电动压缩机相比于传统压缩机，它的能耗低，对车辆的节能减排有重要意义。

混合动力汽车制冷系统除了用于给驾驶舱制冷外，许多混合动力车型的空调制冷系统还肩负着给动力蓄电池降温的作用。这种车型的空调制冷系统，增加了专门给动力蓄电池降温的制冷元件，如图 4-5 所示。

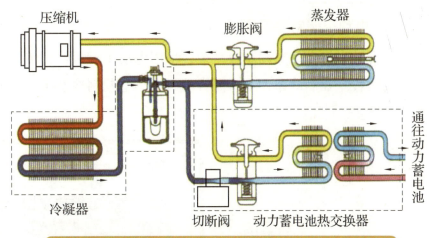

图 4-5　带电池冷却功能的混合动力汽车空调制冷系统

2. 加热系统的特点

混合动力汽车的加热系统通常采用高压 PTC 加热 + 发动机冷却液加热两种加热模式，如图 4-6 所示。它有两种工作模式，车辆在纯电动状态行驶时，混合动力汽车通过消耗动力蓄电池的电能对 PTC 加热，在通风系统的控制下与车内的冷空气完成热交换，由风道吹进驾驶室内，实现加热。当混合动力汽车的发动机处于运转状态且已经热车后，空调控制系统将控制发动机的冷却液进入暖风芯体，给加热系统提供热源。而 PTC 加热系统此时不工作。

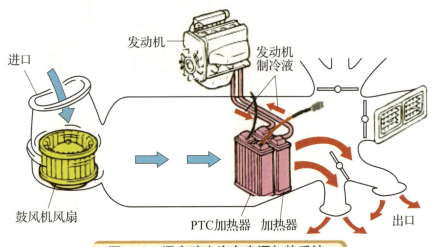

图 4-6　混合动力汽车空调加热系统

相比燃油汽车的加热系统，混合动力汽车加热系统有很大优势。传统的燃油车，在发动机冷起动后，只有冷却液温度升高到一定程度才会有暖风。而混合动力汽车的 PTC 加热升温快，无论车辆是在纯电动状态行驶还是在混动状态行驶，发动机低温状态都由 PTC 加热，很短的时间内车内就吹出暖风。

二、空调制冷及控制系统的结构和原理

1. 空调制冷系统的结构和原理

1）电动空调制冷原理

混合动力汽车的空调制冷系统，采用电动压缩机代替传统压缩机作为动力源，驱动制冷系统的运转。在制冷原理上，混合动力汽车空调制冷系统与燃油汽车制冷系统完全相同，如图 4-7 所示。

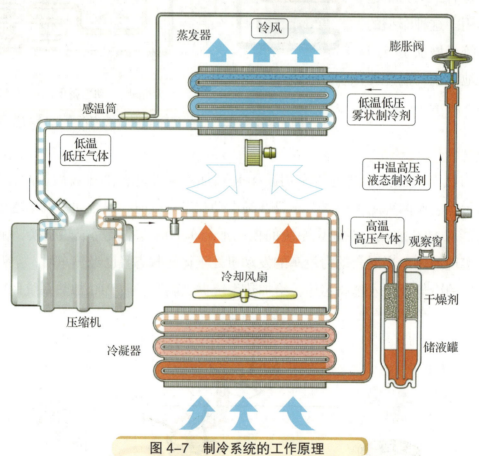

图 4-7　制冷系统的工作原理

空调制冷原理可分为压缩、冷凝、储液平衡、节流膨胀、蒸发制冷五个工作过程。

压缩过程：压缩机吸入从蒸发器流出的气态制冷剂进行压缩，释放出高温、高压气态制冷剂。

冷凝过程：气态制冷剂进入冷凝器，散热后凝结成中温、高压的液态制冷剂。

储液平衡：液态制冷剂流入储液罐，过滤掉制冷剂中的杂质和气体。

节流过程：过滤后的液态制冷剂流入膨胀阀，膨胀阀工作，将中温、高压的液态制冷剂

转变成低温、低压的雾状制冷剂。

蒸发过程：雾状制冷剂流入蒸发器，在蒸发器中，雾状制冷剂吸收蒸发器表面流过空气的热量，蒸发成低温、低压的气态制冷剂，气态制冷剂再次进入压缩机。

2）电动空调制冷系统的结构

混合动力汽车的空调制冷系统按结构和功能上的差异可分为两种，一种是传统的空调制冷系统，另一种是带动力蓄电池冷却功能的空调制冷系统，如图4-8所示。

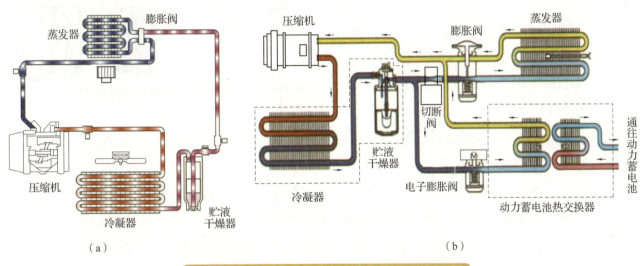

（a）　　　　　　　　　　　　　（b）

图4-8　混合动力汽车空调制冷系统分类
（a）不带动力蓄电池冷却；（b）带动力蓄电池冷却

如图4-8（b）所示，带动力蓄电池冷却功能的空调制冷系统与传统的空调制冷系统相比，结构上增加了一组并联的制冷元件，用于实现动力蓄电池的冷却功能。下面以带动力蓄电池冷却功能的空调制冷系统介绍混合动力汽车空调制冷系统的结构。

带动力蓄电池冷却功能的空调制冷系统主要由电动压缩机、冷凝器、贮液干燥器、切断阀、膨胀阀、蒸发器、电子膨胀阀、动力蓄电池热交换器等部件组成，如图4-8（b）所示。

（1）电动压缩机。

①功能。

电动压缩机由高压电动机驱动，它是整个制冷系统的心脏，负责将制冷剂由低压状态压缩至高压状态，产生制冷剂循环所需要的高压，如图4-9所示。

②结构。

电动压缩机由高压电动机和涡旋式压缩机组成。高压电动机属于变频电动机，结构与驱动电机相似，这里不做赘述。

涡旋式压缩机由涡旋定子和涡旋转子两部分组成，如图4-10所示。它具有容积效率高、工作平稳、能耗低、噪声小等优点。

图4-9　变频式压缩机

③工作原理。

如图 4-10 所示，涡旋式压缩机的进气口在涡旋定子的外缘，排气口在定子的中心，电动机驱动涡旋转子绕轴中心公转，与涡旋定子相互啮合，吸入的低温低压气态制冷剂被封闭在两个涡旋盘中间，涡旋转子在转动过程中压缩气态制冷剂，最后通过中心的排气口排出高温高压气态制冷剂。具体工作过程如下（图 4-11）：

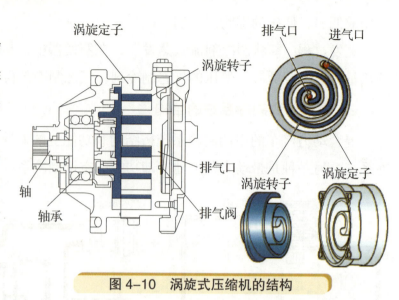

图 4-10　涡旋式压缩机的结构

吸入（行程 1）：当涡旋转子转动到行程 1 位置时，吸气口位置的空间增大，产生吸力，吸气口打开，气态制冷剂被吸入。

压缩（行程 2~5）：涡旋转子继续转动，涡旋转子与旋转定子之间形成封闭空间，随着转子的转动，封闭空间变小，气态制冷剂逐渐被压缩。

排出（行程 6~8）：涡旋转子继续转动，制冷剂被压缩到中心排气口位置，变成高温高压的气态制冷剂，从排出口排出。

涡旋压缩机每旋转 3 圈，完成一个工作行程，但是每旋转一圈，都会有制冷剂排出。

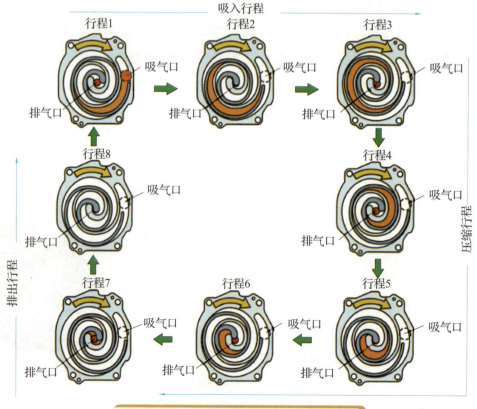

图 4-11　涡旋式压缩机的工作原理

（2）冷凝器。

冷凝器是一个热交换器，由散热管和散热片组成，如图4-12所示。它的散热面积很大，将制冷剂的热量散发到空气之中，制冷剂在冷凝器中散热后，由高温高压的气态冷凝成中温高压的液态。

（3）蒸发器。

蒸发器与冷凝器相似，也是一种热交换器，如图4-13所示。

制冷剂在蒸发器内汽化蒸发，吸收通过蒸发器叶片的空气的热量，使空气温度降低；同时空气中所含的水蒸气降温后冷凝成水，通过排水管排出车外，起到干燥空气的作用。

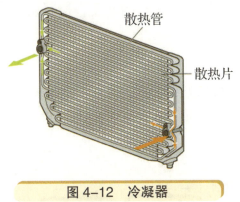

图4-12　冷凝器

图4-13　蒸发器

（4）贮液干燥器。

贮液干燥器是一个存储和过滤装置，它的结构如图4-14所示。

它存储制冷系统中过量的制冷剂，当循环流动的制冷剂流经贮液干燥器时，内部所含的水分和杂质会被过滤掉；同时，制冷剂从贮液干燥器下部的管路流出，过滤掉了流入的气态制冷剂。

（5）膨胀阀。

膨胀阀是制冷系统的节流装置，通过控制制冷剂的流量控制蒸发器的冷却能力。空调制冷系统的膨胀阀有F型膨胀阀和H型膨胀阀两种，它们的原理相同。这两种膨胀阀相比，H型膨胀阀精度更高，有逐渐取代F型膨胀阀的趋势，如图4-15所示。

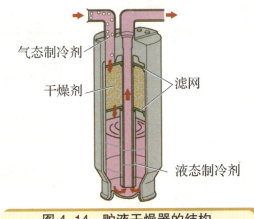

图4-14　贮液干燥器的结构

图4-15　H型膨胀阀

（6）切断阀。

切断阀是一个开关型电磁阀，用于切断进入蒸发器的制冷剂，如图 4-16 所示。当动力蓄电池温度过高时，空调制冷系统进入工作状态，如果驾驶员没有制冷需求，切断阀将切断通入蒸发器的制冷剂通道，空调制冷系统只用于给动力蓄电池降温；驾驶员按下制冷开关时，切断阀接通到蒸发器的制冷剂通道，使蒸发器制冷。

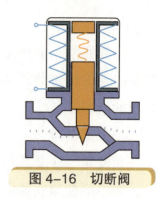

图 4-16 切断阀

（7）电子膨胀阀。

电子膨胀阀是一种新型膨胀阀，它利用电控方式控制膨胀阀的流量，电子膨胀阀通常用于动力蓄电池冷却系统，根据动力蓄电池的冷却需求，调节膨胀阀的开度，控制动力蓄电池的冷却效能，如图 4-17 所示。

（8）热交换器。

热交换器原理图如图 4-18 所示。它用于动力蓄电池散热系统，动力蓄电池的冷却液在热交换器的内部将热量传递给空调制冷剂，由空调系统将给动力蓄电池散热，以达到给动力蓄电池快速散热的目的。

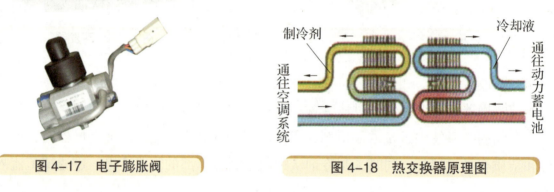

图 4-17 电子膨胀阀　　　　图 4-18 热交换器原理图

2. 电动空调制冷控制系统的结构和原理

1）结构

电动空调制冷控制系统用于控制制冷系统部件的正常运转，实现驾驶室的制冷功能以及动力蓄电池的冷却功能。系统主要由 A/C 开关、蒸发器温度传感器、空调压力传感器、电池水温传感器、压力温度传感器、冷却风扇、电动压缩机、切断阀、电子膨胀阀、空调控制器等部件组成，如图 4-19 所示。

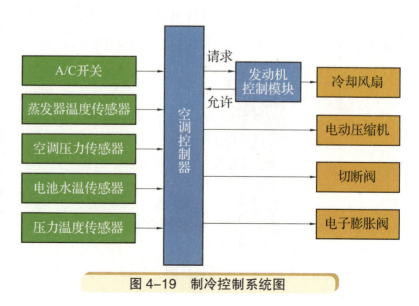

图 4-19 制冷控制系统图

（1）A/C 开关。

A/C 开关是空调制冷系统的请求开关，它是空调面板上的一个按键，如图 4-20 所示。驾驶员通过操作空调 A/C 开关，控制空调制冷系统的工作。

（2）蒸发器温度传感器。

蒸发器温度传感器位于蒸发器上，它是一个热敏电阻，用于检测蒸发器的表面温度，如图 4-21 所示。

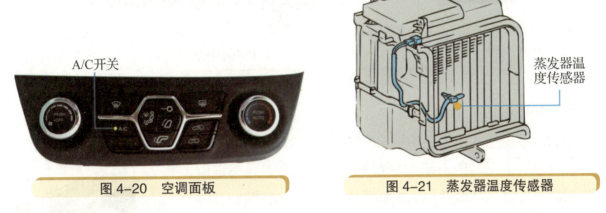

图 4-20　空调面板

图 4-21　蒸发器温度传感器

（3）空调压力传感器。

空调压力传感器是一个压敏电阻（图 4-22），用于检测和限制空调制冷循环管路中的压力，空调控制器根据其信号控制压缩机的工作。如果系统压力过高，空调控制器降低压缩机的功率输出；如果压力过低，空调控制器停止压缩机的工作。

（4）电池水温传感器。

电池水温传感器是一个热敏电阻（图 4-23），用于检查动力蓄电池冷却液的温度。当传感器监测到动力蓄电池的温度过高，空调控制器直接控制制冷系统工作，给动力蓄电池降温。

图 4-22　空调压力传感器

图 4-23　电池水温传感器

（5）压力温度传感器。

压力温度传感器位于动力蓄电池热交换器的输出口（图 4-24），用于检测热交换器输出口制冷剂的温度和压力。此信号用于控制电子膨胀阀的开度。制冷剂的压力增大，电子膨胀阀的开度应减小，制冷剂的温度升高，电子膨胀阀的开度应增大。

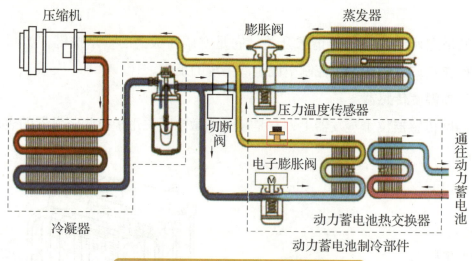

图 4-24　压力温度传感器

（6）冷却风扇。

空调制冷系统通常使用发动机的冷却风扇，对冷凝器进行散热，如图 4-25 所示。当空调制冷循环管路的压力达到一定值，空调控制器将发送信号给发动机控制模块，由发动机控制模块控制冷却风扇运转，进行散热。

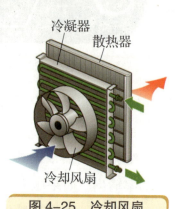

图 4-25　冷却风扇

2）空调制冷控制原理

如图 4-19 所示，空调控制器接收各种传感器的信号，控制电动压缩机、冷却风扇、切断阀和电子膨胀阀的工作，实现乘员舱的制冷控制和动力蓄电池的冷却控制。

空调制冷系统工作分为以下几种情况：

①动力蓄电池有冷却需求，驾驶员没有制冷需求：此时空调控制器控制切断阀关闭，控制电子膨胀阀打开，空调制冷系统只用于动力蓄电池的冷却。

②动力蓄电池有冷却需求，驾驶员也有制冷需求：此时空调控制器控制切断阀打开，控制电子膨胀阀打开，空调制冷系统既对动力蓄电池冷却，也给驾驶室制冷。

③动力蓄电池没有冷却需求，驾驶员有冷却需求：此时空调控制器控制切断阀打开，控制电子膨胀阀关闭，空调只用于驾驶室制冷。

空调制冷系统的控制可分为：防结霜控制、制冷循环保护控制、冷却风扇控制、动力蓄电池冷却控制。

（1）防结霜控制。

在空调制冷系统工作时，暖风经过蒸发器冷却，会凝结出水。如果蒸发器温度低于0℃，水就会结成冰霜附在蒸发器的表面，使蒸发器的制冷功能严重下降。当蒸发器温度传感器检测到温度过低时，空调控制器会发送控制信号，降低压缩机的转速或停止压缩机，防止蒸发器结冰，如图 4-26 所示。

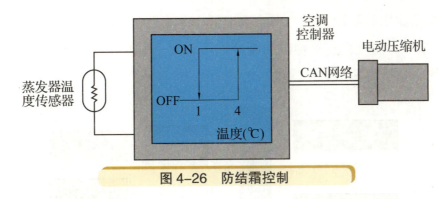

图 4-26　防结霜控制

（2）制冷循环保护控制。

制冷循环保护控制又叫压力保护控制。空调压力传感器检测到异常压力，空调控制器会根据压力传感器信号发出指令控制压缩机的工作，当系统压力异常时，停止压缩机工作；当系统压力正常时，控制压缩机工作，实现对空调制冷系统部件的保护，如图 4-27 所示。

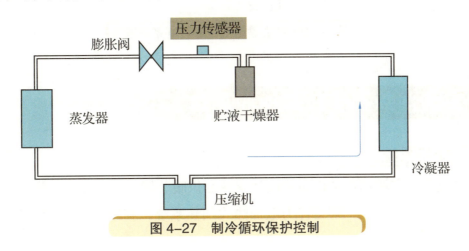

图 4-27　制冷循环保护控制

（3）冷却风扇控制。

当空调制冷系统工作时，如果冷凝器的冷却效果不足，空调控制器会根据制冷系统的压力，发送信号给发动机控制模块，控制冷却风扇的工作。当制冷剂压力很高时，冷却风扇高速运转；当制冷剂压力较高时，冷却风扇低速运转，如图 4-28 所示。

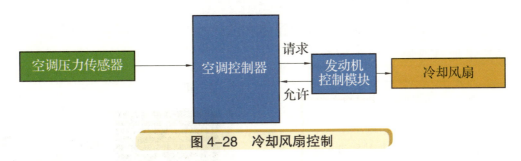

图 4-28　冷却风扇控制

（4）动力蓄电池冷却控制。

车辆行驶过程中，空调控制器会一直监测动力蓄电池冷却系统的温度，当电池冷却液温度过高时，空调控制器将控制电动压缩机和电子膨胀阀工作，给动力蓄电池降温，如图 4-29 所示。空调控制器通过压力温度传感器的信号控制电子膨胀阀的开度，如果压力温度传感器检测到从热交换器输出的制冷剂压力小、温度低，将减小电子膨胀阀的开度，减小热交换器的冷却能力；如果压力温度传感器输出的制冷剂压力大、温度高，将增加电子膨胀阀的开度，增加热交换器的冷却能力。

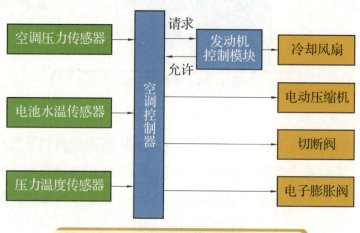

图 4-29 动力蓄电池冷却控制系统图

三、空调加热系统的结构和原理

1. 空调加热系统的结构

混合动力汽车的空调加热系统通常设计有两套供暖装置：第一种为水暖式制热系统，利用发动机冷却液的温度加热；第二种为电加热式加热系统，利用 PTC 加热器耗费电能制热，如图 4-6 所示。

1）水暖式加热系统

如图 4-30 所示，水暖式加热系统由加热器水管和加热器组成，当发动机运转时，被发动机加热的冷却液进入加热器，加热流过加热器的空气。当冷却液的温度不高时，加热器的温度也不高，不能起到加热的作用。

加热器芯体是一个热交换器，由水箱箱体和散热片组成，如图 4-31 所示。它利用发动机冷却液的热量加热驾驶室内的空气。

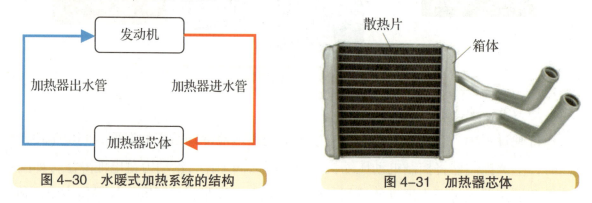

图 4-30 水暖式加热系统的结构　　　　　图 4-31 加热器芯体

2）电加热式加热系统

电加热式加热系统由 PTC 加热器、PTC 驱动器、空调控制器、空调面板等部件组成，如图 4-32 所示。

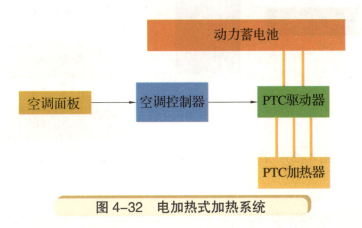

图 4-32　电加热式加热系统

（1）PTC 加热器。

PTC 加热器是采用 PTC 热敏电阻元件为发热源的一种加热器，如图 4-33 所示。它将动力蓄电池的电能转变成热能直接加热车内空气。

PTC 加热器由加热电阻和温度传感器组成，温度传感器用于监测加热器的温度。

（2）PTC 控制器。

PTC 控制器是 PTC 加热系统的控制元件，如图 4-34 所示。它根据 PTC 加热器上的温度传感器信号控制 PTC 加热器的加热电路，使加热器始终工作在最佳状态。

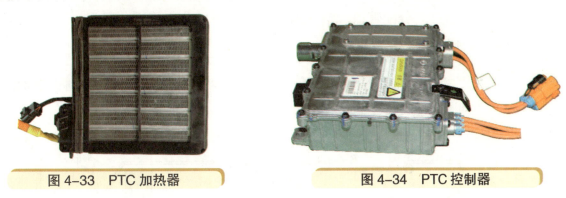

图 4-33　PTC 加热器　　　　　　　　　图 4-34　PTC 控制器

2. 空调加热系统的控制原理

混合动力汽车加热控制系统的原理如图 4-35 所示。它的控制方式与传统汽车有很大区别，分为 PTC 加热控制和发动机冷却液加热。当车辆以电动模式行驶时，如果驾驶员有加热需求，此时 PTC 加热系统工作；当车辆以混合动力模式行驶时，空调控制器通过 CAN 网络获取发动机水温信号，当冷却液温度低时，PTC 加热系统加热，当冷却液温度够高时，空调控制器控制 PTC 控制器停止加热，空调加热系统的控制原理使用发动机冷却液加热。

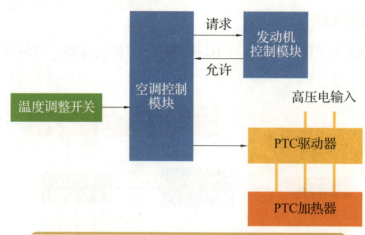

图 4-35　混合动力汽车空调加热控制系统的原理

四、空调通风及控制系统的结构和原理

1. 通风系统的结构和工作原理

空调通风系统将由制冷系统与加热系统产生的冷、热风进行配送，针对乘员的需求和不同的情况，从不同的风口出风，使车内的温度和气流处于一定范围，形成一个比较舒适的环境。

1）通风系统的结构

通风系统通常由进气分配管道、空气混合管道、出风分配管道、风门、空气滤芯等部件组成，如图 4-36 所示。

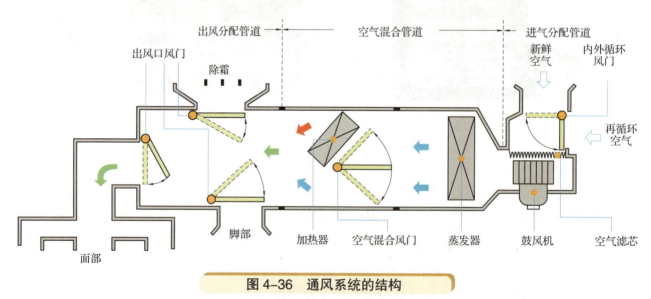

图 4-36　通风系统的结构

2）通风系统的工作原理

空调通风系统各部件工作，能够实现：空气净化、进气口切换、温度控制、出风模式切

换等功能。

（1）空气净化。

空气净化指去除进入车内空气中的灰尘、烟雾、异味，净化车内的空气。鼓风机将空气吸入车内时，使空气通过空气滤芯，以净化空气并吸收异味，如图 4-36 所示。

（2）进气口切换。

进气口切换是通过执行器操作内外循环风门来实现的，风门翻转关闭新鲜空气入口，同时打开再循环空气入口，即为内循环模式，此时通风系统只循环车内的空气；风门翻转打开新鲜空气入口，同时关闭再循环空气入口，即为外循环模式，此时通风系统将外界的空气导入车厢；风门翻转同时打开新鲜空气入口和再循环空气入口，即为空气混合模式，根据风门打开的位置不同，新鲜空气和再循环空气的混合量也不同。

（3）温度控制。

通风系统通过调节空气混合风门位置，改变经过蒸发器的冷空气与经过加热器的热空气的比例，实现温度的控制，如图 4-36 所示。

（4）出风模式切换。

通风系统通过移动 3 个出风口风门的位置，实现出风口模式的切换。汽车空调通风系统通常有 5 种出风模式：面部出风、面部/脚部出风、脚部出风、脚部/除霜、除霜，如表 4-1 所示。

表 4-1　空调出风模式

方式		排气	上部出风口		下部出风口	除霜
			中央	侧		
面部	↗	冷却/风扇	●	●	—	—
面部/脚部	↗	中间	●	●	●	—
脚部	↗	加热	—	●	●	•
脚部/除霜	↗	加热/除霜	—	●	●	●
除霜	FRONT	除霜	—	●	—	●

2. 通风控制系统的结构和控制原理

1）通风控制系统的结构

通风控制系统控制各部件的工作，以实现通风系统的各种功能。

通风控制系统由控制面板、车内温度传感器、车外温度传感器、阳光传感器、风道传感器、风门调节伺服电动机、鼓风机、空调控制器等部件组成，如图 4-37 所示。

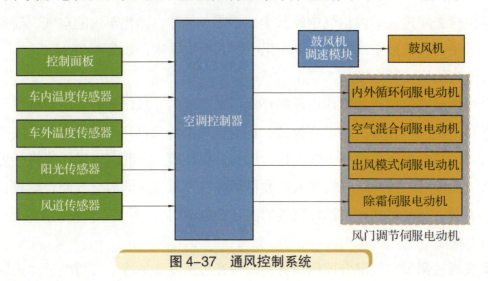

图 4-37　通风控制系统

（1）车内温度传感器。

车内温度传感器是一个热敏电阻，如图 4-38 所示。它把车内空气的温度以电压信号的方式发送给空调控制器，以便进行车内温度的调控。

（2）车外温度传感器。

车外温度传感器通常安装在车辆进气格栅附近，如图 4-39 所示，用于检测车外温度。空调控制器利用此信号与车内温度做比较，实现对空调制冷性能的精确调控。它的原理与车内温度传感器相同。

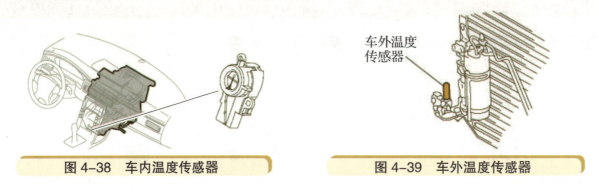

图 4-38　车内温度传感器　　　　图 4-39　车外温度传感器

（3）阳光传感器。

阳光传感器安装在汽车仪表台上，靠近前风窗玻璃的位置，如图 4-40 所示。它是一个光敏二极管，向空调控制器发送光照强度信号。空调控制器根据此信号调节由日照强度引起的车内温度波动。

（4）风道传感器。

风道传感器安装在空调出风口内部，如图 4-41 所示。它与室内温度传感器的原理相同，也是一个热敏电阻。风道传感器检测空调风道内的温度，通常用于分区域空调风道吹风温度的精密控制。

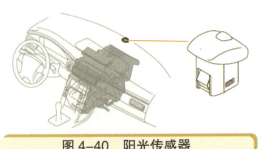

图 4-40　阳光传感器

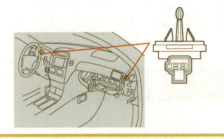

图 4-41　风道传感器

（5）鼓风机及调速模块。

鼓风机及调速模块是通风系统的送风元件，如图 4-42 所示。它将外界的空气送入空调风道，实现空调的通风、制冷、制热等功能。

（6）风门伺服电动机。

风门伺服电动机可分为内外循环伺服电动机、空气混合伺服电动机、出风模式伺服电动机和除霜伺服电动机等，如图 4-43 所示。内外循环伺服电动机用于控制内外循环风门；空气混合伺服电动机用于控制空气混合风门；出风模式伺服电动机用于控制面部和脚部出风口风门；除霜伺服电动机用于控制除霜出风口风门。

它们都是带有信号反馈功能的电动机，由空调控制器驱动。空调控制器根据反馈信号确定风门翻板的位置，然后控制电动机工作，将各风门翻板驱动到准确位置。

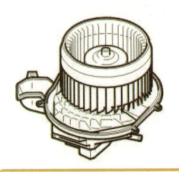

图 4-42　鼓风机及调速模块

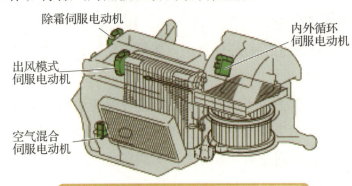

图 4-43　风门伺服电动机

2）通风控制系统的控制原理

空调控制器接收空调面板的指令信号以及各传感器的反馈信号，计算出最佳通风状态，然后控制鼓风机及各风门伺服电动机工作，按乘员的需求配送风速适宜、温度适宜、送风方向适宜的室内风，如图 4-44 所示。

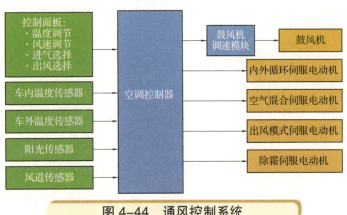

图 4-44　通风控制系统

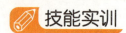

一、实训规则

1. 目的

为了规范实训教学，提供良好的实训环境，将教学实训安全、高效、有序地进行，特制定本规则。

2. 规则

（1）学生要履行道德准则和行为规范，做到遵纪守法、诚实守信、文明礼貌、热爱劳动。

（2）实训时，着装要整齐，摘掉戒指、手表、项链等物品，长发应盘起固定于脑后。

（3）学生要做到上课不迟到、不早退；有事要请假。

（4）学生要认真学习知识，掌握操作工艺和安全规程。

（5）学生要有集体意识和团队合作精神，听从教师指导，服从工位分配。

（6）学生要有安全意识和质量意识，严格遵守操作规范，发扬工匠精神，保质保量按时完成实训任务。

（7）学生要有环保意识，要爱护仪器设备和公共设施，要节约材料，时刻保持实训场地整洁美观。

（8）学生在实训中，要有自我管理能力和职业规划的意识，要互教互学、取长补短。

（9）学生应严格执行管理规范，下课前整理仪器设备、清理卫生、切断电源、关好门窗，经教师同意后，方可离开实训场地。

二、实训注意事项

（1）对电动压缩机、PTC加热器等高压系统进行实训时，必须严格按照高压安全注意事项操作。

①在对高压设备进行实训时，必须设立专职监护人，由监护人指挥操作。

②操作人员需穿戴绝缘服、绝缘手套、绝缘鞋、护目镜等绝缘防护品。

③点火开关必须处于OFF状态，钥匙妥善保管；断开车辆或设备的辅助蓄电池，静置10 min以上；拔下维修开关并妥善保管（没有维修开关的车型可省略这一步）。

④维护或检修高压部件需使用专用绝缘工具。

⑤断开高压部件线束连接器后，立即用绝缘胶带封堵被断开的高压线束连接器。

⑥禁止正、负极线路对接，避免正极或负极经人体接地。

⑦高压系统在检修完毕后，需由监护人检查并确认能够上电。

⑧在实训场地放置灭火器，注意不能使用水基灭火器。

（2）在实训时，如果需要使用举升机，需要注意以下事项：

①举升车辆不得超过该产品的额定举升质量。

②应将车辆较重的部位置于短举升臂上。

③举升车辆前，将举升臂放到被托举车辆的合适位置后，转动4个橡胶托盘，使4个托盘距离车身位置相等，然后再举升车辆。

④车辆举升离地10 cm左右时，检查托盘与车身的连接位置，并晃动车身，确认安全后才能继续举升。

⑤举升过程中，严禁车下站人。

⑥车辆举升完成后，确认举升机保险被落下。

三、混合动力汽车空调系统结构认知

本书中"混合动力汽车空调系统结构认知"以"混合动力汽车电动空调实训教学系统"（图4-45）为载体，开展对混合动力汽车空调系统的实训。完成混合动力汽车空调系统结构原理认知、检查维护与故障检测等理实一体化教学。

图4-45　混合动力汽车电动空调实训教学系统

1. 任务准备

◇操作设备：混合动力汽车电动空调实训教学系统。

◇工具 / 材料：便利贴、签字笔。

◇人员分工：组长1名、记录人员2名、检验员2名、操作人员若干，以上角色可通过选举、抽签或老师指定等方式担任，通过多个任务的训练，争取让每个学生轮流担任不同角色，以提升学生的综合素质。

◇实训场地：混合动力汽车实训实验室。

2. 任务实施

在实训时，要有安全意识、质量意识、环保意识。实训过程中，要勇于创新，发扬精益求精的工匠精神。

（1）老师要组织研讨会，探讨实训台高压的危害、高温部件烫伤危害及实训台安全操作的方法。

（2）指定同学检查实训台电源开关，确定处于 OFF 状态，收起智能钥匙安全放置。指定同学断开实训台的辅助蓄电池。在驱动系统高压部件位置和高温部件位置放置安全警告装置。

（3）将表 4-2 所示部件 / 零件池中空调系统的零部件名称写在便利贴上，粘贴在充电实训台上对应的零件位置。

表 4-2 部件 / 零件池

制冷及控制系统	控制面板、空调控制器、电动压缩机、膨胀阀、冷凝器、蒸发器、贮液干燥器、切断阀、电子膨胀阀、动力蓄电池热交换器、压力传感器、压力温度传感器、电池水温传感器、冷却风扇、蒸发器温度传感器
加热系统	暖风水箱、PTC 加热器、PTC 控制器、PTC 加热器温度传感器、空调控制器、空调面板
通风及控制系统	鼓风机、鼓风机调速模块、控制面板、空调控制器、内外循环伺服电动机、空气混合伺服电动机、出风模式伺服电动机、除霜伺服电动机、车内温度传感器、车外温度传感器、阳光传感器

（4）完成上面的操作后，将部件名称填入下方的结构图中。

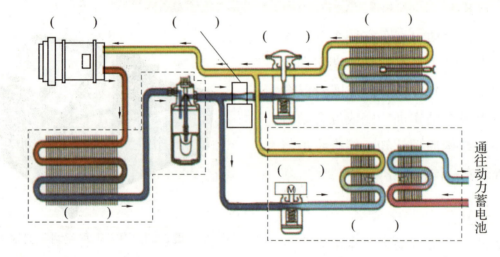

（5）实训任务完成后，指定学生连接实训台的电源。使用智能钥匙打开电源开关，检查确认混合动力汽车电动空调实训教学系统，能够正常工作。

3. 任务评价

完成实训任务后，对任务完成情况进行评价。

四、混合动力汽车空调系统检查与维护

1. 任务准备

◇ 操作车辆：以 2019 款比亚迪秦混合动力汽车为例。

◇ 工具 / 材料：绝缘服、绝缘手套、绝缘鞋、护目镜、诊断仪、电子温度计。

　　◇ 人员分工：组长 1 名、记录人员 2 名、检验员 2 名、操作人员若干，以上角色可通过选举、抽签或老师指定等方式担任，通过多个任务的训练，争取让每个学生轮流担任不同角色，以提升学生的综合素质。

　　◇ 实训场地：带举升机的标准工位。

2 ▶ 任务实施

　　在实训时，要有安全意识、质量意识、环保意识。实训过程中，要勇于创新，发扬精益求精的工匠精神。

检查前防护	
个人防护：维修人员穿好工装、戴好手套	**整车防护**：车内部铺设脚垫、座椅套和转向盘套；车外铺设翼子板和前格栅护罩

混合动力汽车空调系统检查与维护	
第一步：操作电源开关，使车辆进入 OFF 挡状态，然后将钥匙带出车内，妥善放置	**第三步**：空调滤芯检查。拆下空调滤芯，根据滤芯的脏污程度进行清洁或更换

第二步：断开辅助蓄电池负极导线，然后等待 5 min	**第四步**：制冷剂管路检查。检查制冷剂管路的外观，是否变形、干涉、破损；检查制冷剂管路接口，是否有开裂或有油渍。如有异常，使用肥皂水检测泄漏状况
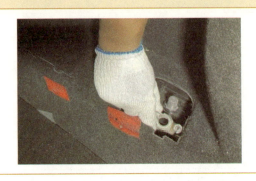	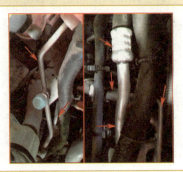

第五步: 冷凝器检查。检查冷凝器的表面,是否变形或破损,是否有泄漏油渍;检查冷凝器的接口,是否有开裂或有油渍。如有异常,使用肥皂水检测泄漏状况

第六步: 空调压力传感器检查。检查空调压力传感器的外观,是否变形或破损;检查插头连接是否正常

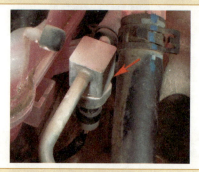

第七步: 制冷剂切断阀检查。检查制冷剂切断阀的外观,是否变形或破损;检查插头连接是否正常

第八步: 膨胀阀的检查。检查膨胀阀的外观,是否破损或变形;检查膨胀阀的接口,是否开裂或有油污。如有异常,使用肥皂水检测泄漏状况

第九步: 压力温度传感器检查。检查压力温度传感器的外观,是否破损或变形;检查压力温度传感器的接口,是否开裂或有油污;检查压力温度传感器的插头,是否破损或松动

第十步: 加热器水管检查。检查加热器水管的表面,是否老化或破损;检查加热器水管接头,是否渗漏或松动

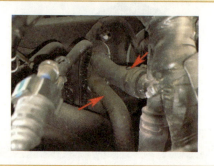

第十一步: 将车辆举升至合适高度,并进行锁止。注意:车辆在举升过程中,车辆底部和周围严禁站人

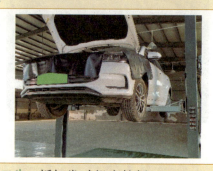

第十二步: 拆卸发动机底护板

第十三步： 空调压缩机检查。检查空调压缩机的外观，是否变形或开裂；检查空调压缩机的高压和低压插头，是否破损或松动；检查空调压缩机的高压线，外观是否破损，固定是否牢固

第十四步： PTC 加热器高压线路检查。检查 PTC 加热器高压线路，外观是否破损，固定是否牢固；检查高压线插头，是否破损或松动

第十五步： 动力蓄电池热交换器检查。检查热交换器的外观，是否破损或变形；检查热交换器的管接头，是否变形或渗漏。注意：检查高压部件时，需要穿戴绝缘套装

第十六步： 电子膨胀阀检查。检查电子膨胀阀的外观，是否破损或变形；检查电子膨胀阀的接口，是否开裂或有油污；检查电子膨胀阀的插头，是否破损或松动。注意：检查高压部件时，需要穿戴绝缘套装

第十七步： 检查完毕，安装发动机底护板

第十八步： 操作举升机，将车辆降至地面

第十九步： 安装辅助蓄电池负极导线，使用合适的扳手进行紧固，紧固力矩参考维修手册

第二十步： 将车辆钥匙放入车内，踩下制动踏板，单击电源开关，使车辆进入 OK 挡状态

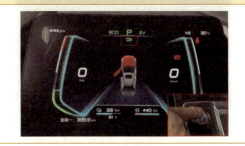

第二十一步：单击空调控制开关，打开空调

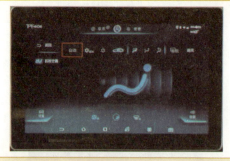

第二十二步：空调送风量检查。操作鼓风机转速开关，检查空调送风量是否随鼓风机转速开关的操作，正常增减

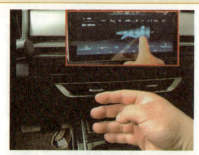

第二十三步：内外循环模式检查。操作内外循环模式开关，确定空调能够正常进行内外循环切换

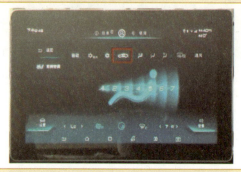

第二十四步：空调出风口模式检查。操作出风口模式开关，检查空调出风模式，是否随开关的操作，正常切换

第二十五步：空调出风口温度调节检查。确认空调开关打开，操作温度调节开关，检查空调出风口温度，是否随开关的操作，正常进行冷暖变换

第二十六步：空调制冷性能检查。确认空调开关打开，操作温度调节开关到最大制冷位置，使用电子温度计测量空调出风口温度，温度应不高于 10 ℃

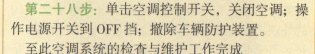

第二十七步：使用诊断仪检查空调系统的故障码和数据流，确认空调系统正常

第二十八步：单击空调控制开关，关闭空调；操作电源开关到 OFF 挡；撤除车辆防护装置。至此空调系统的检查与维护工作完成

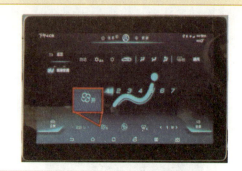

3. **任务评价**

完成实训任务后，对任务完成情况进行评价。

任务二　混合动力汽车空调系统的诊断

任务目标

◇ 能够识读混合动力汽车空调系统的电路图。
◇ 熟悉混合动力汽车空调系统部件插接器的针脚定义。
◇ 能够对混合动力汽车空调系统进行故障诊断与排除。

情景导入

张先生是一名专职司机，领导要求他明天去机场接一个重要客户。他赶忙给公司最新购买的混合动力汽车做检查，发现空调系统不能制冷。于是将车辆开到维修厂进行维修，要求今天必须完成维修工作。假如你是这辆车的维修技师，能否完成这辆车的维修任务呢？接下来，请继续获取该系统的知识和技能吧。

应知应会

一、空调系统电路识读

混合动力汽车空调系统的结构多种多样，空调系统的电路也各不相同，下面以2019款比亚迪秦混合动力汽车的空调系统为例，介绍空调系统的电路。空调系统的电路可分为：制冷系统电路、制热系统电路和通风系统电路。

1. 制冷系统电路识读

2019款比亚迪秦混合动力汽车的空调制冷系统有两个功能：分别为车内制冷和动力蓄电

池冷却制冷。因此，空调制冷系统电路控制可分为，车内制冷控制和动力蓄电池冷却控制。

1）车内制冷控制

如图 4-46 所示，空调制冷系统进行车内制冷控制的工作过程为：车辆运行状态，按下空调开关，空调控制器从 CAN 舒适网 2 获取 A/C 开关信号，开始制冷控制。空调控制器从空调压力传感器获取压力信号，从蒸发器温度传感器获取蒸发器温度信号。空调压力和蒸发器温度都符合压缩机工作需求时，空调控制器控制打开切断阀，并通过 CAN 空调子网给电动压力机发送请求信号，控制电动压缩机工作。制冷系统在工作过程中，空调控制器根据空调压力信号控制无级风扇给冷凝器散热；并时刻监测空调压力和蒸发器温度，通过 CAN 空调子网发送信号，控制电动压缩机的排量或停止压缩机的工作。

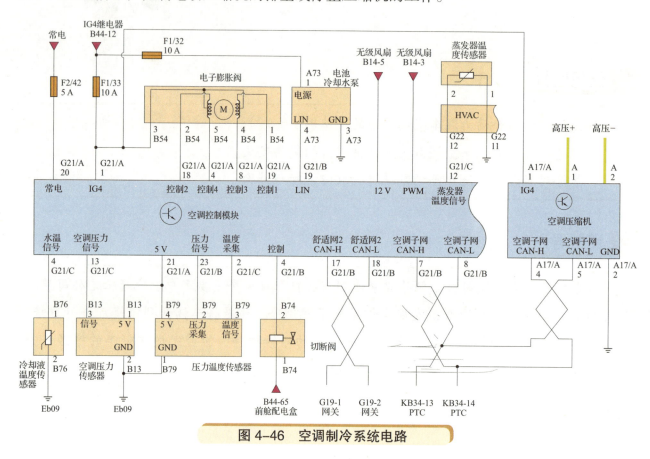

图 4-46　空调制冷系统电路

2）动力蓄电池冷却控制

如图 4-46 所示，空调制冷系统进行动力蓄电池冷却控制的工作过程为：车辆运行状态，空调控制器通过 LIN 网络控制电池冷却水泵的运转，并时刻通过电池水温传感器监控动力蓄电池的温度。当电池冷却液温度高时，空调控制器从空调压力传感器获取空调压力信号，确认空调压力符合工作需求。确认空调压力正常后，空调控制器通过 CAN 空调子网发送请求信号，控制空调压缩机工作。同时，空调控制器控制电子膨胀阀打开，开始给动力蓄电池冷却系统制冷。空调控制器在控制电子膨胀阀的过程中，时刻通过压力温度传感器的信号检测电子膨胀阀的工作情况，并根据此信号调节电子膨胀阀的开度。制冷系统在工作过程中，空调控制器根据空调压力信号控制无级风扇给冷凝器散热；并时刻监测高压制冷剂的压力和低压制冷剂的温度和压力，通过 CAN 空调子网发送信号，控制电动压缩机的排量或停止压缩机的工作。

2. 加热系统电路识读

如图 4-47 所示，空调加热系统的工作过程为：车辆运行状态，空调控制器从 CAN 舒适网 2 获取加热信号，开始加热控制。空调控制器通过 CAN 网络获取发动机冷却液温度信号和动力蓄电池电量信号，确认 PTC 加热系统符合工作条件。空调控制器通过 CAN 空调子网发送请求信号，控制 PTC 控制器工作。PTC 控制器给 PTC 加热器提供高压电，进行加热控制，同时 PTC 控制器通过 PTC 加热器上的温度传感器获取 PTC 加热器的温度，并通过此信号确认 PTC 加热器的工作状态。

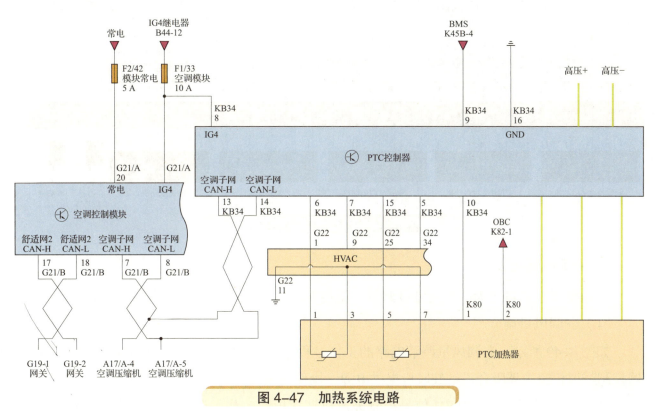

图 4-47　加热系统电路

3. 通风系统电路识读

空调通风系统电路控制分为自动控制和手动控制两种。自动模式下，空调系统自动控制系统内各部件的运转，使车内的温度和气流处于一定范围，形成比较舒适的环境。手动模式指乘员通过操作空调面板上的各种开关，控制部件的工作。

1) 自动模式控制

如图 4-48 所示，通风系统在自动模式下的工作过程为：打开电源开关，单击空调自动按钮，空调控制器通过 CAN 舒适网 2 获取自动模式工作请求和温度调节数据，进入自动空调模式。空调控制器通过各种传感器获取车内温度、车外温度、光照强度、驾驶员面部出风口温度、驾驶员脚部出风口温度等各种信号，然后控制鼓风机、内外循环电动机、模式风门电动机、主驾驶和副驾驶冷暖电动机、除霜电动机等执行器工作，使车内的温度和气流处于一定范围，形成比较舒适的环境。随着光照强度和室内、室外温度的变化，空调控制器会不断控制各执行器工作，将车内环境始终保持在舒适状态。

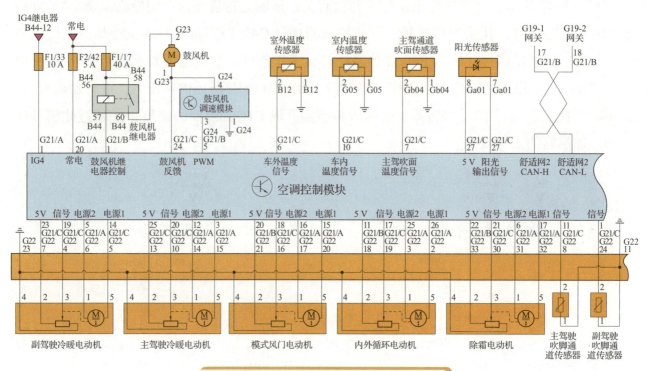

图 4-48　空调通风系统电路

2）手动控制模式

手动模式控制可分为：空调风量调节、温度调节、出风模式调节和内外循环调节等。

（1）空调风量调节。

如图 4-49 所示，空调风量调节电路的工作过程为：打开电源开关，开启空调，空调控制器控制鼓风机继电器吸合，给鼓风机提供电源。操作鼓风机控制开关，空调控制器接收到空调面板的挡位信号后，通过 PWM 信号控制鼓风机调速模块工作，调节鼓风机电动机两端的电压，控制鼓风电动机的转速，同时空调控制器通过鼓风机反馈信号，获取鼓风机的工作状态。

（2）温度调节。

2019 款比亚迪秦混合动力车型的空调系统为双区域空调系统。双区域空调的温度调节，分为主驾驶温度调节和副驾驶温度调节，它们的电路控制原理相同。下面以主驾驶温度调节电路介绍温度调节电路的工作过程。

如图 4-50 所示，主驾驶温度调节电路的工作过程为：调节主驾驶温度调节开关，空调控制器接收到信号后，给主驾驶冷暖电动机供电，控制电动机正转或反转，调节空气混合风门的位置。电动机在工作过程中，空调控制器通过位置传感器监测电动机的位置，确定空气混合风门运转到合适位置。

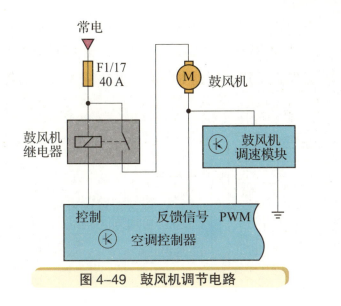

图 4-49　鼓风机调节电路

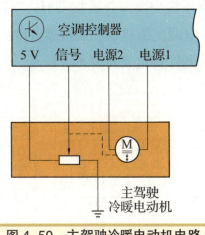

图 4-50　主驾驶冷暖电动机电路

（3）出风模式调节。

如图 4-51 所示，出风模式调节电路的工作过程为：单击出风模式调节开关，空调控制器接收到信号后，给模式风门电动机和除霜电动机供电，控制电动机正转或反转，调节出风口风门的位置。电动机在工作过程中，空调控制器通过位置传感器监测电动机的位置，确定出风口风门运转到合适位置。

（4）内外循环调节。

如图 4-52 所示，内外循环调节电路的工作过程为：单击内外循环调节开关，空调控制器接收到信号后，给内外循环调节电动机供电，控制电动机正转或反转，调节内外循环风门的位置。电动机在工作过程中，空调控制器通过位置传感器监测电动机的位置，确定内外循环风门运转到合适位置。

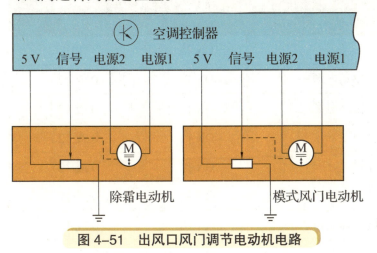

图 4-51　出风口风门调节电动机电路

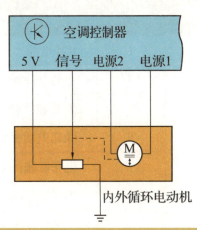

图 4-52　内外循环调节电动机电路

二、空调系统部件插接器针脚介绍

本课程以 2019 款比亚迪秦混合动力汽车空调系统部件为例，介绍空调系统的插接器针脚。

空调系统主要部件插接器有：空调控制器插接器 G21A、G21B 和 G21C；箱体小线插接器 G22；空调压缩机低压插接器 A17A 和 PTC 控制器低压插接器 KB34，如图 4-53 所示。各部件插接器针脚定义如表 4-3 所示。

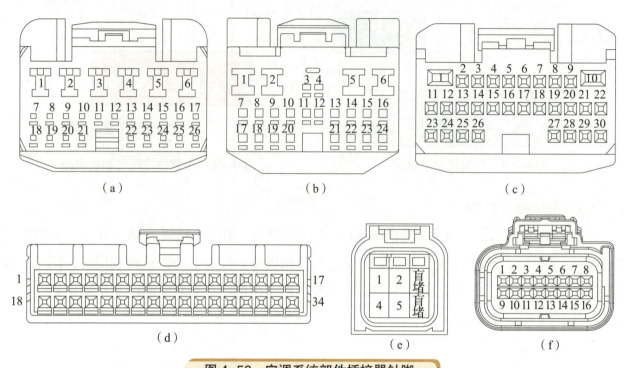

图 4-53　空调系统部件插接器针脚
（a）G21A；（b）G21B；（c）G21C；（d）G22；（e）A17A；（f）KB34

表 4-3　空调系统部件插接器针脚介绍

插接器	针脚号	针脚定义	条件	正常值（对地电压）/V
G21A	1	IG4 电源	ON 挡	12
	3	主驾驶冷暖电动机驱动电源一	ON 挡	0 或 12
	5	副驾驶冷暖电动机驱动电源二	ON 挡	0 或 12
	6	除霜电动机驱动电源二	ON 挡	0 或 12
	7	电子膨胀阀 C 端驱动	ON 挡	0 或 12
	8	电子膨胀阀 D 端驱动	ON 挡	0 或 12
	12	主驾驶冷暖电动机驱动电源二	ON 挡	0 或 12
	14	副驾驶冷暖电动机驱动电源一	ON 挡	0 或 12
	15	模式风门电动机驱动电源一	ON 挡	0 或 12
	16	模式风门电动机驱动电源二	ON 挡	0 或 12
	17	除霜电动机驱动电源一	ON 挡	0 或 12

续表

插接器	针脚号	针脚定义	条件	正常值（对地电压）/V
G21A	18	电子膨胀阀 A 端驱动	ON 挡	0 或 12
	19	电子膨胀阀 B 端驱动	ON 挡	0 或 12
	20	常电	始终	12
	21	温度压力传感器、压力传感器电源	ON 挡	5
	22	车身接地	始终	0
	23	电子风扇控制电源	ON 挡	12
	25	内外循环电动机驱动电源二	ON 挡	0 或 12
	26	内外循环电动机驱动电源一	ON 挡	0 或 12
G21B	1	鼓风机继电器驱动信号	ON 挡	开启空调: 0 关闭空调: 12
	4	电磁阀驱动	ON 挡	0 或 12
	5	鼓风机控制 PWM 信号	ON 挡	—
	7	空调子网 CAN–H	始终	2.5~3.5
	8	空调子网 CAN–L	始终	1.5~2.5
	11	内外循环电机反馈电源	ON 挡	5
	17	舒适网 2 CAN–H	始终	2.5~3.5
	18	舒适网 2 CAN–L	始终	1.5~2.5
	19	电池冷却水泵控制（LIN 线）	开启内循环	0~12
	20	模式风门电动机反馈电源	ON 挡	5
	22	除霜电动机反馈电源	ON 挡	5
	23	压力温度传感器压力信号	ON 挡	0~5
	24	电子风扇 PWM 控制	ON 挡	0~12
G21C	1	副驾驶吹脚风道温度传感器信号	ON 挡	0~5
	2	压力温度传感器温度信号	ON 挡	0~5
	4	电池水温信号	ON 挡	0~5
	6	室外温度传感器信号	ON 挡	0~5
	7	主驾驶吹面风道温度传感器信号	ON 挡	0~5
	9	副驾驶吹面风道温度传感器信号	ON 挡	0~5
	10	室内温度传感器采集信号	ON 挡	0~5

插接器	针脚号	针脚定义	条件	正常值（对地电压）/V
G21C	11	主驾驶吹脚风道温度传感器信号	ON 挡	0~5
	12	蒸发器温度传感器信号	ON 挡	0~5
	13	空调压力传感器信号	ON 挡	0~5
	14	阳光传感器信号	ON 挡	0~5
	17	内外循环电动机反馈信号	ON 挡	0~5
	18	模式风门电动机反馈信号	ON 挡	0~5
	19	副驾驶冷暖电动机反馈信号	ON 挡	0~5
	20	主驾驶冷暖电动机反馈信号	ON 挡	0~5
	21	除霜电动机反馈信号	ON 挡	0~5
	23	副驾驶冷暖电动机反馈电源	ON 挡	5
	24	鼓风机反馈信号	开启空调	0~12
	25	主驾驶冷暖电动机反馈电源	ON 挡	5
	27	阳光传感器电源	ON 挡	5
G22	1	PTC 加热器温度传感器 1 信号	ON 挡	0~5
	2	内外循环电动机驱动电源一	ON 挡	0 或 12
	3	内外循环电动机驱动电源二	ON 挡	0 或 12
	4	副驾驶冷暖电动机反馈信号	ON 挡	0~5
	5	副驾驶冷暖电动机驱动电源一	ON 挡	0 或 12
	6	副驾驶冷暖电动机驱动电源二	ON 挡	0 或 12
	7	副驾驶冷暖电动机反馈电源	ON 挡	5
	8	主驾驶吹脚风道传感器信号	ON 挡	0~5
	9	PTC 加热器温度传感器 2 信号	ON 挡	5
	10	主驾驶冷暖电动机反馈信号	ON 挡	0~5
	11	车身地	始终	0
	12	蒸发器温度传感器信号	ON 挡	0~5
	13	主驾驶冷暖电动机反馈电源	ON 挡	5
	14	主驾驶冷暖电动机驱动电源二	ON 挡	0 或 12
	15	主驾驶冷暖电动机驱动电源一	ON 挡	0 或 12
	16	模式风门电动机反馈信号	ON 挡	0~5

插接器	针脚号	针脚定义	条件	正常值（对地电压）/V
G22	17	模式风门电动机驱动电源二	ON 挡	0 或 12
	18	内外循环电动机反馈电源	ON 挡	5
	19	内外循环电动机反馈信号	ON 挡	0~5
	20	模式风门电动机驱动电源一	ON 挡	0 或 12
	21	模式风门电动机反馈电源	ON 挡	12
	23	车身地	始终	0
	24	副驾驶吹脚风道传感器信号	ON 挡	0~5
	25	PTC 加热器温度传感器 3 信号	ON 挡	0~5
	30	除霜电动机反馈信号	ON 挡	0~5
	31	除霜电动机驱动电源二	ON 挡	0 或 12
	32	除霜电动机驱动电源一	ON 挡	0 或 12
	33	除霜电动机反馈电源	ON 挡	5
	34	PTC 加热器温度传感器 4 信号	ON 挡	5
A17A	1	IG4 电源	ON 挡	12
	2	车身地	始终	0
	4	空调子网 CAN-H	始终	2.5~3.5
	5	空调子网 CAN-L	始终	1.5~2.5
KB34	5	PTC 加热器温度传感器 4 信号	ON 挡	5
	6	PTC 加热器温度传感器 1 信号	ON 挡	0~5
	7	PTC 加热器温度传感器 2 信号	ON 挡	5
	8	IG4 电源	ON 挡	12
	9	高压互锁 PWM 信号输入	ON 挡	0~12
	10	高压互锁 PWM 信号输出	ON 挡	0~12
	13	空调子网 CAN-H	始终	2.5~3.5
	14	空调子网 CAN-L	始终	1.5~2.5
	15	PTC 加热器温度传感器 3 信号	始终	0~5
	16	车身地	始终	0

技能实训

一、实训规则

1. 目的

为了规范实训教学，提供良好的实训环境，使实训教学安全、高效、有序地进行，特制定本规则。

2. 规则

（1）学生要履行道德准则和行为规范，做到遵纪守法、诚实守信、文明礼貌、热爱劳动。

（2）实训时，着装要整齐，摘掉戒指、手表、项链等物品，长发应盘起固定于脑后。

（3）学生要做到上课不迟到、不早退；有事要请假。

（4）学生要认真学习知识，掌握操作工艺和安全规程。

（5）学生要有集体意识和团队合作精神，听从教师指导，服从工位分配。

（6）学生要有安全意识和质量意识，严格遵守操作规范，发扬工匠精神，保质保量按时完成实训任务。

（7）学生要有环保意识，要爱护仪器设备和公共设施，要节约材料，时刻保持实训场地整洁美观。

（8）学生在实训中，要有自我管理能力和职业规划的意识，要互教互学、取长补短。

（9）学生应严格执行管理规范，下课前整理仪器设备、清理卫生、切断电源、关好门窗，经教师同意后方可离开实训场地。

二、实训注意事项

（1）对空调系统等具有高压部件的系统进行实训时，必须严格按照高压安全注意事项操作。

①在对高压设备进行实训时，必须设立专职监护人，由监护人指挥操作。

②操作人员需穿戴绝缘服、绝缘手套、绝缘鞋、护目镜等绝缘防护品。没有穿戴防护用品的人员，严禁接近、触碰高压线路和高压部件。

③点火开关必须处于 OFF 状态，钥匙妥善保管；断开车辆或设备的辅助蓄电池，静置 5 min 以上；拔下维修开关并妥善保管（没有维修开关的车型可省略这一步）。

④维护或检修高压部件需使用专用绝缘工具。

⑤断开高压部件后，立即用绝缘胶带封堵被断开的高压线束连接器。

⑥禁止正、负极线路对接，避免正极或负极经人体接地。

⑦高压系统在检修完毕后，需由监护人检查并确认能够上电。

⑧在实训场地放置灭火器，注意不能使用水基灭火器。

（2）当使用专用实训设备进行实训时，必须严格按照设备操作流程进行实训。

①进行实训前，首先勘察实训场地，是否有漏电、火灾、摔倒、中毒等风险。

②在操作实训设备前，首先检查设备是否损伤，设备线路是否连接完好。

③实训设备开机后，需等设备运转平稳，然后操作设备。

④操作设备时，应正确使用工具，严禁暴力拆装、胡乱跨接测量。

⑤实训过程中，要团队协作，制订计划，明确分工。

⑥使用万用表测量时，必须选对测量挡位及量程，以免影响测量结果或损坏万用表。

⑦使用诊断仪诊断故障时，确保诊断线路连接可靠，车辆电源开关处于 ON 挡状态。

三、故障检测流程

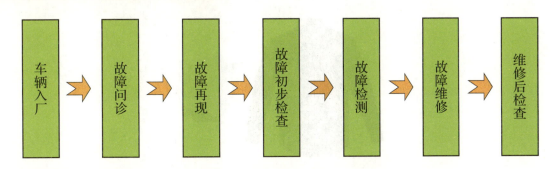

车辆入厂 → 故障问诊 → 故障再现 → 故障初步检查 → 故障检测 → 故障维修 → 维修后检查

四、空调压力传感器电路故障诊断

本书中"空调压力传感器电路故障诊断任务"以"混合动力汽车电动空调实训教学系统"（图 4-45）为载体，开展对混合动力汽车空调系统的实训。完成混合动力汽车空调系统结构原理认知、检查维护与故障检测等理实一体化教学。

空调压力传感器电路故障诊断

1. 任务准备

◇ 操作设备：混合动力汽车电动空调实训教学系统。

◇ 工具 / 材料：万用表、跨接线、诊断仪、绝缘服、绝缘鞋、绝缘手套、护目镜。

◇ 人员分工：组长 1 名、记录人员 2 名、检验员 2 名、操作人员若干，以上角色可通过选举、抽签或老师指定等方式担任，通过多个任务的训练，争取让每个学生轮流担任不同角色，以提升学生的综合素质。

◇ 实训场地：混合动力汽车实训实验室。

2. 任务实施

在实训时，要有安全意识、质量意识、环保意识。实训过程中，要勇于创新，发扬精益求精的工匠精神。

（1）老师要组织研讨会，探讨实训台架高压的危害及实训台架安全操作的方法。

（2）实训任务前，需连接混合动力汽车6个实训台架。

注意：台架组装期间，严禁操作人员之外的人员接近台架。

①操作人员穿戴绝缘服、绝缘手套、绝缘鞋、护目镜等绝缘套装。

②确认6合1混合动力汽车实训台架的辅助蓄电池负极端子断开。

③操作人员连接6个混合动力实训台架之间的连接线路。

④确认台架之间的线路连接正确，并连接辅助蓄电池负极端子。

⑤操作人员操作实训台架的电源开关，确定混合动力汽车实训台架工作正常。

（3）给实训中不需要操作的实训台架周围设置防护栏。

故障检测前防护	
个人防护：维修人员穿好工装、戴好手套	

故障检测	
第一步：故障再现	
（1）踩下制动踏板，按下电源开关，起动混合动力汽车实训台	（2）操作电动空调实训台运转，空调实训台出风口无冷风，出风口温度显示屏显示环境温度，空调压力表压力没有变化，确定电动压缩机不工作。故障验证完毕，关闭实训台

第二步：故障初步检查

（1）连接诊断仪，按下电源开关，使实训台进入 ON 挡状态	（2）使用诊断仪检测故障码。发现故障码：B2A4E13，高压管路的压力传感器开路；B2A2F09，空调管路处于高压状态或低压状态
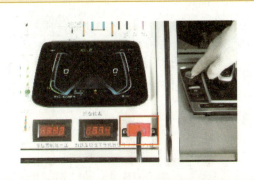	

（3）引发故障的可能原因有：①空调压力传感器故障。②空调压力传感器线路故障。③空调控制器故障

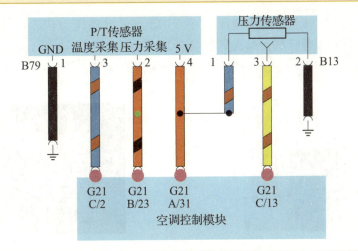

第三步：故障检测

（1）根据电路图，首先测量空调压力传感器的电源电压	①测量空调控制器 G21A-21 号针脚的电压。将万用表打到电压挡，红表笔连接 G21A-21 号针脚，黑表笔连接接地点，正常电压应为 5 V 左右
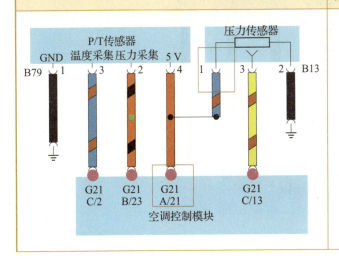	

②测量空调压力传感器 B13-1 号针脚的电压。万用表的红表笔从 B13 插头后端连接 1 号针脚，黑表笔连接接地点，正常电压应为 5 V 左右。

注意：在测试过程中，严禁碰触高压元件

（2）如果压力传感器的电源电压无异常，测量传感器的信号电压

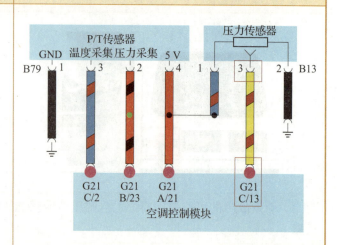

①测量空调控制器 G21C-13 号针脚的电压。万用表的红表笔连接 G21C-13 号针脚，黑表笔连接接地点，正常电压：>0 V；<5 V

②测量空调压力传感器 B13-3 号针脚的电压。万用表的红表笔从 B13 插头后端连接 3 号针脚，黑表笔连接接地点，正常电压：>0 V；<5 V

（3）接下来测量传感器线路的通断

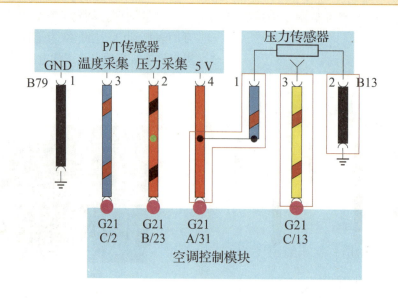

（4）关闭电源开关，断开蓄电池负极导线。断开空调控制器的 G21A 端子、G21C 端子和空调压力传感器 B13 端子

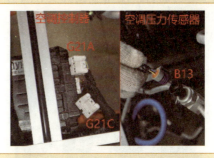

（5）测量空调压力传感器接地线的通断。万用表调到电阻挡，红表笔连接 B13-2 号针脚，黑表笔连接接地点，正常电阻应 <1 Ω

（7）测量压力传感器的信号线路的通断。万用表红表笔连接 G21C-13 号针脚，黑表笔连接 B13-3 号针脚，正常电阻应 <1 Ω

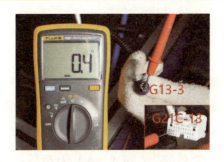

（6）测量压力传感器的电源线路的通断。万用表的红表笔连接 G21A-21 号针脚，黑表笔连接 B13-1 号针脚，正常电阻应 <1 Ω

（8）经万用表测得，空调控制器 G21C-13 号针脚与空调压力传感器 B13-3 号针脚间的电阻为无穷大，存在断路故障，为空调压力传感器信号线路故障

第四步：故障维修

（1）维修故障线束，更换相关配件

（2）安装蓄电池负极导线

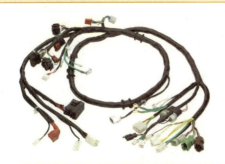

第五步：维修后检查	
（1）起动实训台，操作空调开关，打开空调系统，实训台恢复正常状态	（2）使用诊断仪再次进行诊断，查看故障码，确定故障排除
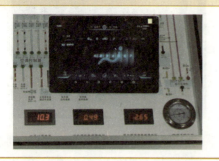	

3. 任务评价

完成实训任务后，对任务完成情况进行评价。

五、蒸发器温度传感器电路故障诊断

本书中"蒸发器温度传感器电路故障诊断任务"以"混合动力汽车电动空调实训教学系统"（图4-45）为载体，开展对混合动力汽车空调系统的实训。完成空调系统结构原理认知、检查维护与故障检测等理实一体化教学。

蒸发器温度传感器电路故障诊断

1. 任务准备

◇ 操作设备：混合动力汽车电动空调实训教学系统。

◇ 工具/材料：万用表、跨接线、诊断仪、绝缘服、绝缘鞋、绝缘手套、护目镜。

◇ 人员分工：组长1名、记录人员2名、检验员2名、操作人员若干，以上角色可通过选举、抽签或老师指定等方式担任，通过多个任务的训练，争取让每个学生轮流担任不同角色，以提升学生的综合素质。

◇ 实训场地：混合动力汽车实训实验室。

2. 任务实施

在实训时，要有安全意识、质量意识、环保意识。实训过程中，要勇于创新，发扬精益求精的工匠精神。

（1）老师要组织研讨会，探讨实训台架高压的危害及实训台架安全操作的方法。

（2）实训任务前，需连接混合动力汽车6个实训台架。

注意：台架组装期间，严禁操作人员之外的人员接近台架。

①操作人员穿戴绝缘服、绝缘手套、绝缘鞋、护目镜等绝缘套装。

②确认6合1混合动力汽车实训台架的辅助蓄电池负极端子断开。

③操作人员连接 6 个混合动力实训台架之间的连接线路。

④确认台架之间的线路连接正确，并连接辅助蓄电池负极端子。

⑤操作人员操作实训台架的电源开关，确定混合动力汽车实训台架工作正常。

（3）给实训中不需要操作的实训台架周围设置防护栏。

故障检测前防护
个人防护： 维修人员穿好工装、戴好手套

故障检测	
第一步： 故障再现	
（1）踩下制动踏板，按下电源开关，起动混合动力汽车实训台	（2）操作电动空调实训台制冷，发现空调出风口温度为环境温度，蒸发器温度传感器信号电压错误，空调压力无变化，确定空调压缩机不工作，空调不制冷。故障确认完毕，关闭实训台

第二步： 故障初步检查	
（1）连接诊断仪，打开电源开关到 ON 挡	（2）使用诊断仪检测故障码。发现故障码：B2A2413，蒸发器温度传感器开路

（3）根据故障码分析，引发故障的可能原因有：①蒸发器温度传感器故障。②蒸发器温度传感器信号线或接地线故障。③空调控制器故障

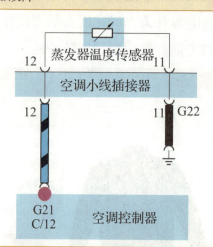

第三步：故障检测

（1）根据引发故障的可能原因分析，首先需要测量蒸发器温度传感器的信号电压	①万用表开关旋到电压挡，红表笔连接 G21C-12 号针脚，黑表笔连接接地点，正常电压应在 0.2~4.6 V
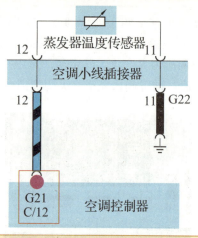	
（2）如果蒸发器温度传感器信号正常，表明空调控制器故障	（3）如果蒸发器温度传感器信号异常，测量蒸发器温度传感器电路
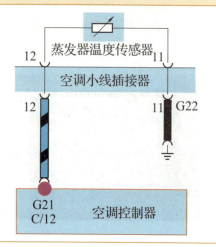	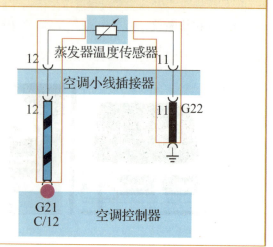

①关闭实训台的电源开关，断开辅助蓄电池负极导线	②断开箱体小线 G22 插接器和空调控制器 G21C 插接器
	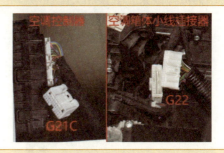

③测量蒸发器温度传感器的电阻。万用表开关旋转到电阻挡，按照下表测量蒸发器温度传感器的电阻。

万用表连接	条件 /℃	阻值 /kΩ
G22-12~G22-11（接地）	-20	14.82~16.38
	0	5.081~5.559
	20	2.466~2.644

④测量蒸发器温度传感器到空调控制器间信号线的电阻。使用万用表的红、黑表笔分别连接空调小线 G22-12 号针脚和空调控制器 G21C-12 号针脚，正常电阻应 <1 Ω	⑤测量蒸发器温度传感器接地线的电阻。使用万用表的红、黑表笔分别连接空调小线 G22-11 号针脚和接地点，正常电阻应 <1 Ω

（4）经万用表测得，箱体小线插接器到空调控制器间的蒸发器温度传感器信号线路的电阻为无穷大，存在断路故障

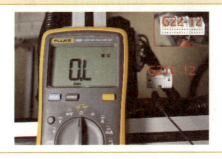

第四步：故障维修	
（1）维修故障线束，更换相关配件	（2）将实训台检修部位恢复原位
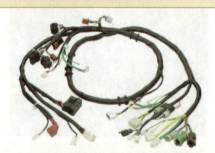	

第五步：维修后检查	
（1）起动实训台，打开空调制冷系统，确定实训台的制冷系统恢复正常	（2）使用诊断仪再次进行诊断，确定故障排除

3. 任务评价

完成实训任务后，对任务完成情况进行评价。

六、PTC加热器温度传感器电路故障诊断

本书中"PTC加热器温度传感器电路故障诊断任务"以"混合动力汽车电动空调实训教学系统"（图4-45）为载体，开展对混合动力汽车空调系统的实训。完成空调系统结构原理认知、检查维护与故障检测等理实一体化教学。

PTC加热器温度传感器电路故障诊断

1. 任务准备

◇ 操作设备：混合动力汽车电动空调实训教学系统。

◇ 工具／材料：万用表、跨接线、诊断仪、绝缘服、绝缘鞋、绝缘手套、护目镜。

◇ 人员分工：组长1名、记录人员2名、检验员2名、操作人员若干，以上角色可通过选举、抽签或老师指定等方式担任，通过多个任务的训练，争取让每个学生轮流担任不同角色，以提升学生的综合素质。

◇ 实训场地：混合动力汽车实训实验室。

2. 任务实施

　　在实训时，要有安全意识、质量意识、环保意识。实训过程中，要勇于创新，发扬精益求精的工匠精神。

　　（1）老师要组织研讨会，探讨实训台架高压的危害及实训台架安全操作的方法。

　　（2）实训任务前，需连接混合动力汽车6个实训台架。

　　注意：台架组装期间，严禁操作人员之外的人员接近台架。

　　①操作人员穿戴绝缘服、绝缘手套、绝缘鞋、护目镜等绝缘套装。

　　②确认6合1混合动力汽车实训台架的辅助蓄电池负极端子断开。

　　③操作人员连接6个混合动力实训台架之间的连接线路。

　　④确认台架之间的线路连接正确，并连接辅助蓄电池负极端子。

　　⑤操作人员操作实训台架的电源开关，确定混合动力汽车实训台架工作正常。

　　（3）给实训中不需要操作的实训台架周围设置防护栏。

故障检测前防护	
个人防护： 维修人员穿好工装、戴好手套	

故障检测	
第一步： 故障再现	
（1）踩下制动踏板，按下电源开关，起动混合动力汽车实训台	（2）操作电动空调实训台运转，温度旋钮调到热风状态，空调实训台的出风口无热风，出风口温度为环境温度，确定PTC加热器不工作。确认故障现象后，关闭点火开关
	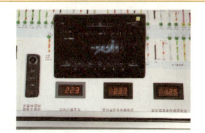
第二步： 故障初步检查	
（1）连接诊断仪，打开电源开关到ON挡	（2）使用诊断仪检测故障码。发现故障码：B123E49，采集不到驾驶员侧正温度系数（PTC）芯体表面的温度

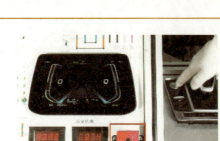

（3）引发故障的可能原因有：①驾驶员侧 PTC 加热器温度传感器故障。②驾驶员侧 PTC 加热器温度传感器线路故障。③ PTC 控制器故障

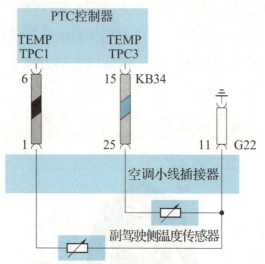

第三步：故障检测

（1）根据故障的可能原因分析，首先测量驾驶员侧 PTC 加热器温度传感器的信号电压

①万用表开关旋转到直流电压挡，红表笔连接 PTC 控制器 Kb34-6 号针脚，黑表笔连接接地点，正常电压应在 0.3~4.6 V

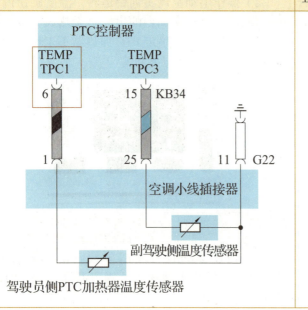

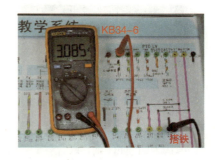

（2）如果驾驶员侧PTC加热器温度传感器的信号电压正常，则PTC控制器故障	（3）如果驾驶员侧PTC加热器温度传感器的信号电压异常，检查驾驶员侧PTC加热器温度传感器线路断路故障
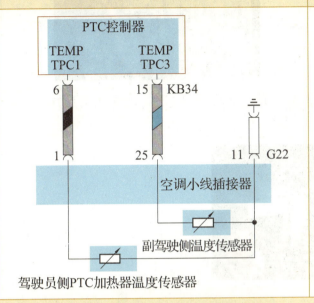 驾驶员侧PTC加热器温度传感器	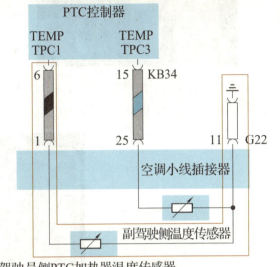 驾驶员侧PTC加热器温度传感器
①关闭电源开关，断开蓄电池负极导线并等候5 min	
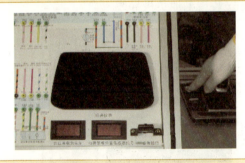	
②断开PTC加热器低压插接器KB34和空调小线插接器G22	③测量驾驶员侧PTC加热器温度传感器的电阻。万用表开关旋到电阻挡，使用万用表的红、黑表笔分别连接空调小线插接器的G22-1号针脚和G22-11号针脚。当温度在20 ℃左右，电阻应在12.37~12.67 kΩ

④测量驾驶员侧PTC加热器温度传感器信号线路的电阻。使用万用表的红、黑表笔分别连接空调小线插接器G22-1号针脚和PTC控制器插接器KB34-6号针脚，正常电阻应 <1 Ω	⑤测量驾驶员侧PTC加热器温度传感器接地线路的电阻。使用万用表的红、黑表笔分别连接空调小线插接器G22-11号针脚和接地点，正常电阻应 <1 Ω

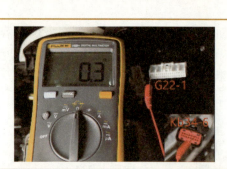 

（4）经万用表测得，PTC 控制器 KB34-6 针脚与空调小线插接器 G22-1 针脚间的电阻为无穷大，存在断路故障，为驾驶员侧 PTC 加热器温度传感器信号线路故障

第四步：故障维修

（1）维修故障线束，更换相关配件	（2）安装蓄电池负极导线

第五步：维修后检查

（1）起动实训台，操作空调系统制热，实训台恢复正常状态	（2）使用诊断仪再次进行诊断，查看故障码，确定故障排除

3 任务评价

完成实训任务后，对任务完成情况进行评价。

项目五

混合动力汽车电动助力转向系统维护与诊断

汽车转向系统，在汽车的发展历程中经历了机械式转向系统、液压助力转向系统、电动液压助力转向系统和电动助力转向系统四个发展阶段。

电动助力转向系统（Electric Power Steering，EPS）是指利用电动机提供转向助力，辅助驾驶员进行转向辅助操作的转向系统。它是在机械转向系统的基础上，将电子技术和高性能的电机控制技术结合到汽车的转向系统，如图5-1所示。

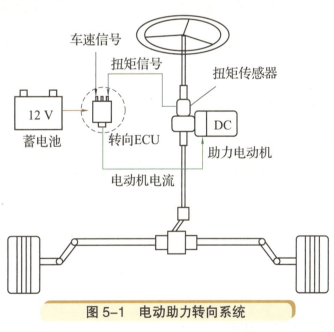

图 5-1　电动助力转向系统

电动助力转向系统具有结构紧凑、质量很轻、易于维护保养等优点。不转向时，电动助力转向系统的电动机不工作，只有在转向时，电动机才会工作，能量消耗小，可以显著的降低燃油消耗。电动助力转向系统通过 ECU 控制转向助力的大小，在低速时，提供较大的转向助力，使车辆的转向更加轻便；随着车速的提高，提供的转向助力逐渐减小，以提高车辆稳定性。

电动助力转向系统是汽车转向系统的发展方向。目前，国内外汽车厂商生产的乘用车，开始大量使用电动助力转向系统。混合动力汽车因为动力系统结构的特殊性，发动机不会一直工作，相比采用发动机作为动力的液压助力转向系统，电动助力转向系统才是更好的选择。

项目目标 →

知识目标

◇ 电动助力转向系统的功能和分类。

◇ 电动助力转向系统的结构和控制原理。

◇ 电动助力转向系统的电路图。

◇ 电动助力转向系统部件插接器针脚定义。

技能目标

◇ 掌握电动助力转向系统的构造和原理。

◇ 能够独立完成电动助力转向系统检查和维护工作。

◇ 能够独立完成电动助力转向系统电气故障诊断工作。

素养目标

◇ 能够遵纪守法、诚实守信，传承中华民族的传统美德。

◇ 能够严于律己、宽以待人，和同学及老师建立良好的关系。

◇ 实践过程中，培养集体意识和团队合作精神，养成规范操作的职业素养。

◇ 培养工匠精神，提升质量意识、安全意识、节能环保意识等职业素养。

◇ 培养个人荣誉感和集体荣誉感，培养劳模精神。

任务一 混合动力汽车电动助力转向系统结构分析与维护

✏ 任务目标

◇ 了解电动助力转向系统的功能和分类。

◇ 掌握电动助力转向系统的结构和控制原理。

◇ 能够独立完成电动助力转向系统的检查与维护。

　　小刘毕业后，经过应聘进入一家汽车研发企业工作，岗位职责是电动助力转向系统上车检查测试。正式进入工作岗位前，首先需要进行新员工岗位培训。培训围绕电动助力转向系统的结构、原理、检查测试流程和安全注意事项等内容展开，通过培训，小刘顺利进入工作岗位，运用自己所学的知识，兢兢业业的工作，获得公司领导和同事的一致好评。

　　假如你是一名新参加工作的员工，能否通过下面的学习胜任这份工作？

✐ 应知应会

一、电动助力转向系统的功能和分类 》》

1. 电动助力转向系统的功能

　　汽车转向系统的功能就是按照驾驶员的意愿控制汽车的行驶方向。

　　汽车转向系统分为机械转向系统和助力转向系统。机械转向系统完全依靠驾驶员手部的力量进行转向，无疑增加了行车的难度，因此为了减小转向用力，保持转向的灵活性，研发了助力转向系统。

　　助力转向系统不仅需要满足减小转向用力的功能，还需要具有以下性能：首先驾驶员在低速时需要较大的转向助力，但是随着车速的增加，希望转向助力逐步减小，以获得足够的路感。其次，转向轮应具有回正能力。然后，转向轮传给方向盘的反冲力要尽可能小。电动助力转向系统就是依托驾驶需求开发的系统。电动助力转向属于车速感应型，即在同一转向盘力矩输入下，转向电动机的驱动电流随车速的变化而变化，保证了低速时转向的轻便和高速时转向操作的稳定性。电动助力转向系统具有回正控制功能。转向时，转向 ECU 会对转向电动机进行转向回正控制，放大转向轮定位产生的回正力矩，使转向盘迅速回正，保持路感，提高转向灵敏性和稳定性。当车辆高速行驶时，转向 ECU 会给转向电动机供给电流，进行阻尼控制，提升高速行驶状态下，转向的稳定性。

2. 电动助力转向系统的分类

　　电动助力转向系统根据助力电动机在转向系统的安装位置可分为三类，如图 5-2 所示。

　　（1）转向轴式电动助力转向系统（Column EPS，C-EPS）；

　　（2）转向齿轮式电动助力转向系统（Pinion EPS，P-EPS）；

　　（3）转向齿条式电动助力转向系统（Rack EPS，R-EPS）。

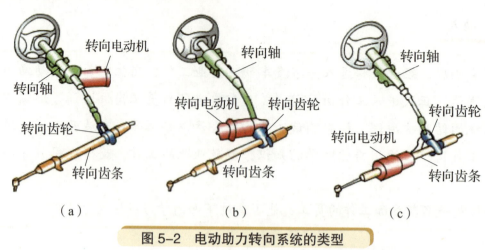

图 5-2　电动助力转向系统的类型

（a）转向轴式；（b）转向齿轮式；（c）转向齿条式

1）转向轴式

转向轴式电动助力转向系统（C-EPS）的助力电动机固定在转向轴上，它通过减速机构与转向轴相连，如图 5-2（a）所示。C-EPS 的优点是，转向电动机、减速机构和控制器为一体化设计，结构紧凑，成本较低；助力系统的所有元件都布置在驾驶舱内，工作环境好，电动机助力的响应性较好。其缺点是：助力电动机安装在驾驶舱内，受到空间布置和噪声的限制，电动机的体积较小，输出扭矩不大，一般只用在小型及紧凑型车辆上；减速机构和转矩传感器安装在转向柱上，占用了转向柱碰撞吸能装置的空间，可能会影响碰撞能量的吸收，为驾驶员的安全带来影响。

2）转向齿轮式

转向齿轮式电动助力转向系统（P-EPS）的助力电动机和减速机构安装在转向齿轮上，如图 5-2（b）所示。P-EPS 助力电动机的力矩直接作用在转向齿轮上，助力损失较小，与转向轴式电动助力转向系统相比，可以提供更大的转向助力力矩。P-EPS 的执行器布置在驾驶舱外，助力电动机运转时的声音和振动对乘员的影响较小。其缺点是：传感器和执行器布置在发动机舱外，要求具备耐热、防水等性能，因此系统的成本升高。转向齿轮式电动助力转向系统适用于中型车辆。

3）转向齿条式

转向齿条式电动助力转向系统（R-EPS）的助力电动机和减速机构安装在转向齿条上，如图 5-2（c）所示。R-EPS 助力电动机的力矩直接作用在转向齿条上，与以上两种助力方式相比，助力损失最小，能够提供最大的转向助力，通常用于助力需求大的大型乘用车。R-EPS 执行器的力矩直接作用在齿条上，没有传动环节的损失，助力效果最为迅速准确。它的另一个优点是，距离驾驶舱远，电动机运转的噪声和振动对乘员的影响小。其缺点是：执行器和传感器布置在发动机舱外，需要具备耐热、防水等性能，增加了成本。

二、电动助力转向系统的结构和工作原理

1. 电动助力转向系统的结构

电动助力转向系统（EPS）通常由转向盘、转向传动机构（转向轴、转向传动轴）、扭矩传感器、EPS电动机、减速机构、转向ECU、齿轮齿条传动机构等部件组成，如图5-3所示。

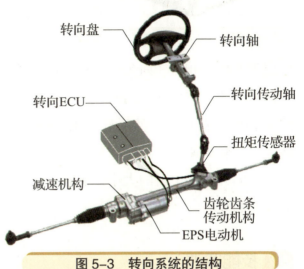

图 5-3　转向系统的结构

1）扭矩传感器

扭矩传感器用于监测驾驶员施加到转向盘上力矩的方向和大小，是检查EPS基础信号的重要装置。其结构由转向传动机构上的扭力杆和检查扭力杆扭转角度的传感器组成，如图5-4所示。转向力矩通过输入轴传给扭力杆，然后通过扭力杆传给输出轴，扭力杆在传递力矩时出现扭转变形，传感器通过检测扭力杆变形的方向和角度判断转向力矩的方向和大小。

2）EPS电动机

EPS通常使用低惯性、低噪声、高动力输出的无刷电动机作为驱动电动机。EPS电动机由定子、永磁转子和转角位置传感器3部分组成，如图5-5所示。转向ECU通过转角位置传感器获取转子的位置，然后控制输入定子内的电流，产生交变磁场推动转子转动。

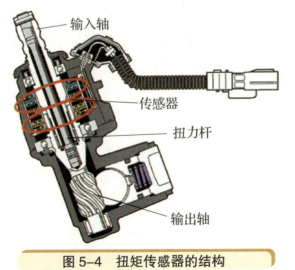

图 5-4　扭矩传感器的结构

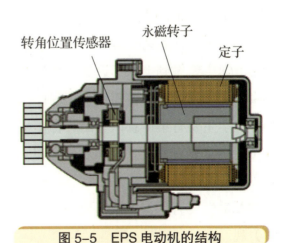

图 5-5　EPS电动机的结构

3）转向ECU

转向ECU是EPS系统的大脑，它接收来自各种传感器的信号，判断现行的车辆情况，

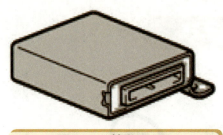

图 5-6　转向 ECU

确定输送到 EPS 电动机上的驱动电流的大小、方向，实现电动助力转向系统的各种功能，如图 5-6 所示。

2. 电动助力转向系统的工作原理

如图 5-7 所示，当驾驶员打转向盘时，转向传动机构转动，扭矩传感器开始工作，把输入轴和输出轴在扭力杆作用下产生的相对转向角位移转变成电信号传给转向 ECU。转向 ECU 再通过通信网络获取车速信号。然后转向 ECU 根据转矩信号和车速信号，确定 EPS 电动机的旋转方向和驱动电流的大小，实时控制转向助力的大小。

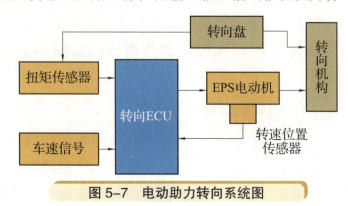

图 5-7　电动助力转向系统图

技能实训

一、实训规则

1. 目的

为了规范实训教学，提供良好的实训环境，将教学实训安全、高效、有序地进行，特制定本规则。

2. 规则

（1）学生要履行道德准则和行为规范，做到遵纪守法、诚实守信、文明礼貌、热爱劳动。

（2）实训时，着装要整齐，摘掉戒指、手表、项链等物品，长发应盘起固定于脑后。

（3）学生要做到上课不迟到、不早退；有事要请假。

（4）学生要认真学习知识，掌握操作工艺和安全规程。

（5）学生要有集体意识和团队合作精神，听从教师指导，服从工位分配。

（6）学生要有安全意识和质量意识，严格遵守操作规范，发扬工匠精神，保质保量按时完成实训任务。

（7）学生要有环保意识，要爱护仪器设备和公共设施，要节约材料，时刻保持实训场地整洁美观。

（8）学生在实训中，要有自我管理能力和职业规划的意识，要互教互学、取长补短。

（9）学生应严格执行管理规范，下课前整理仪器设备、清理卫生、切断电源、关好门窗，经教师同意后，方可离开实训场地。

二、实训注意事项

在实训时，如果需要使用举升机，需要注意以下事项：

（1）举升车辆不得超过该产品的额定举升质量。

（2）应将车辆较重的部位置于短举升臂上。

（3）举升车辆前，将举升臂放到被托举车辆的合适位置后，转动 4 个橡胶托盘，使 4 个托盘距离车身位置相等，然后再举升车辆。

（4）车辆举升离地 10 cm 左右时，检查托盘与车身的连接位置，并晃动车身，确认安全后才能继续举升。

（5）举升过程中，严禁车下站人。

（6）车辆举升完成后，确认举升机保险被落下。

三、电动助力转向系统结构认知

本书中"电动助力转向系统结构认知"以"混合动力汽车电动助力转向实训教学系统"（图 5-8）为载体，开展对混合动力汽车电动助力转向系统的实训。完成混合动力汽车电动助力转向系统结构原理认知、检查维护与故障检测等理实一体化教学。

图 5-8　混合动力汽车电动助力转向实训教学系统

1. 任务准备

◇ 操作设备：混合动力汽车电动助力转向实训教学系统。

◇ 工具 / 材料：便利贴、签字笔。

◇ 人员分工：组长 1 名、记录人员 2 名、检验员 2 名、操作人员若干，以上角色可通过选举、抽签或老师指定等方式担任，通过多个任务的训练，争取让每个学生轮流担任不同角色，以提升学生的综合素质。

◇ 实训场地：混合动力汽车实训实验室。

2. 任务实施

在实训时，要有安全意识、质量意识、环保意识。实训过程中，要勇于创新，发扬精益求精的工匠精神。

（1）老师要组织研讨会，探讨实训台安全操作的方法。

（2）指定同学检查实训台电源开关，确定处于 OFF 状态，收起智能钥匙安全放置。指定同学断开实训台的辅助蓄电池。

（3）将表5-1所示部件/零件池中电动助力转向系统的零部件名称写在便利贴上，粘贴在电动助力转向实训台外壳上对应的零件位置。

表5-1　部件/零件池

电动助力转向系统	转向盘、转向轴、转向传动轴、扭矩传感器、转向ECU及电机总成（包含：转向模块、转向电动机）、减速机构、齿轮齿条传动机构

（4）完成上面的操作后，将部件名称填入下方的结构图中。

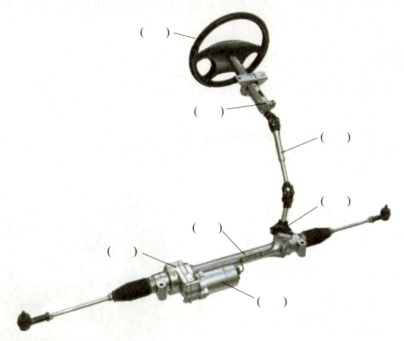

（5）实训任务完成后，指定学生连接实训台的电源。使用智能钥匙打开电源开关，检查确认混合动力汽车电动助力转向实训教学系统，能够正常工作。

3　任务评价

完成实训任务后，对任务完成情况进行评价。

四、混合动力汽车电动助力转向系统检查与维护

1　任务准备

◇ 操作车辆：以2019款比亚迪秦混合动力汽车为例。

◇ 工具/材料：工作服、线手套、诊断仪。

◇ 人员分工：组长1名、记录人员2名、检验员2名、操作人员若干，以上角色可通过选举、抽签或老师指定等方式担任，通过多个任务的训练，争取让每个学生轮流担任不同角色，以提升学生的综合素质。

✧ 实训场地：带举升机的标准工位。

2. 任务实施

在实训时，要有安全意识、质量意识、环保意识。实训过程中，要勇于创新，发扬精益求精的工匠精神。

检查前防护	
个人防护：维修人员穿好工装、戴好手套	**整车防护：**车内部铺设脚垫、座椅套和转向盘套；车外铺设翼子板和前格栅护罩

检查与维护	
第一步：关闭电源开关到 OFF 挡	**第三步：**将车辆举升至中部位置，并进行锁止。注意：车辆在举升过程中，车辆底部和周围严禁站人

第二步：检查转向盘的自由行程。确认车辆放置平整，轮胎朝向正前方，转向盘处于中间位置。左右轻轻转动转向盘，转向盘自由行程不能超过 3 mm	**第四步：**检查左侧转向横拉杆球头间隙。使用两只手左右晃动左侧转向轮，检查左侧转向横拉杆球头是否间隙过大

第五步：检查右侧转向横拉杆球头间隙。使用两只手左右晃动右侧转向轮，检查右侧转向横拉杆球头是否间隙过大

第九步：检查齿轮齿条传动机构的外壳是否存在变形或损伤

第六步：将车辆举升到高位，并进行锁止。
注意：车辆在举升过程中，车辆底部和周围严禁站人

第十步：检查齿轮齿条传动机构两侧的防尘胶套是否存在老化或破损状况

第七步：检查扭矩传感器的外表面和线束是否存在变形或损伤

第十一步：操作举升机，将车辆降至地面

第八步：检查转向 ECU 及电机总成的外表面是否有磕碰损伤。检查转向 ECU 及电机总成的插头是否脱落或损伤

第十二步：操作电源开关，将车辆打开到 ON 挡

第十三步：使用诊断仪检测电动助力转向系统的故障码和数据流。查看电动助力转向系统是否存在故障	第十四步：关闭电源开关，撤除诊断仪和车辆防护装置，电动助力转向系统的检查与维护工作完成

③ 任务评价

完成实训任务后，对任务完成情况进行评价。

任务二　混合动力汽车电动助力转向系统的诊断

任务目标

◇ 熟悉混合动力汽车电动助力转向系统的电路图。
◇ 掌握混合动力汽车电动助力转向系统部件插接器的针脚定义。
◇ 能够对混合动力汽车电动助力转向系统进行故障诊断与排除。

情景导入

　　梁先生响应国家节能减排的号召，新买了一辆混合动力汽车作为代步工具。一天他把汽车开入停车位时，突然感觉转向变得特别沉重，于是赶紧给维修厂打电话，请求救援。假如你是去现场救援的技师，能否完成这辆车的维修工作呢？接下来，请继续获取该系统的知识和技能吧。

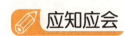

一、电动转向助力系统电路识读

1. 电动助力转向系统电路

下面以 2019 款比亚迪秦混合动力汽车为例，介绍电动助力转向系统电路。如图 5-9 所示，电动助力转向系统的工作过程为：电源开关打开到 ON 挡，转向 ECU 接通 IG1 电源开始工作，它通过 CAN 网络与其他模块通信，获取车速、发动机转速、挡位等信号，通过扭矩转角位置传感器获取转向盘的转矩和转角信号，然后根据这些信息，控制加载到 R-EPS 电动机上电流的方向和大小，实现车辆在不同状态下的转向助力需求。

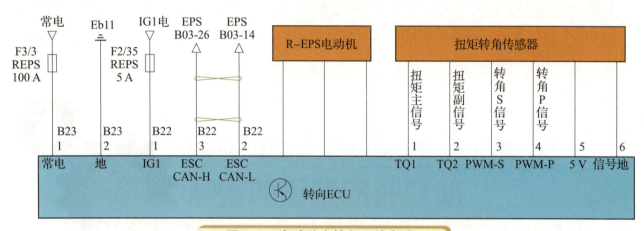

图 5-9　电动助力转向系统电路

2. 扭矩转角传感器电路

如图 5-10 所示，扭矩转角传感器的工作过程为：控制模块给传感器提供 5 V 电源和接地，使传感器开始工作，传感器输出扭矩主信号、扭矩副信号、转角 S 信号和转角 P 信号等信号。当传感器内的两个转子发生角位移时，传感器的 4 个信号发生变化，控制模块根据扭矩主信号和扭矩副信号计算出转矩信号，根据转角 S 信号和转角 P 信号计算出转角信号。

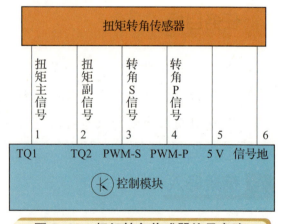

图 5-10　扭矩转角传感器信号电路

二、电动助力转向系统部件插接器针脚介绍

本课程以 2019 款比亚迪秦混合动力汽车为例，介绍电动助力转向系统部件的插接器针脚。
电动助力转向系统主要部件插接器有：转向 ECU 插接器 B22 和 B23；扭矩转角位置传

感器插接器，如图 5-11 所示。各部件插接器针脚定义如表 5-2 所示。

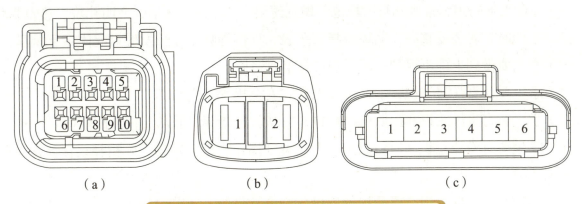

图 5-11　电动助力转向系统部件插接器针脚

（a）B22；（b）B23；（c）扭矩转角传感器插接器

表 5-2　电动助力转向系统部件插接器针脚介绍

插接器	针脚号	针脚定义	条件	正常值 （对地电压）/V
B22	1	IG1 电源	ON 挡	12
	2	ESC CAN–L	ON 挡	1.5~2.5
	3	ESC CAN–H	ON 挡	2.5~3.5
G23	1	常电	始终	12
	2	接地	始终	0
扭矩转角 传感器插接器	1	扭矩主信号（PWM）	ON 挡	0~5
	2	扭矩副信号（PWM）	ON 挡	0~5
	3	转角 S 信号（PWM）	ON 挡	0~5
	4	转角 P 信号（PWM）	ON 挡	0~5
	5	信号电源	ON 挡	5
	6	信号接地	始终	0

技能实训

一、实训规则

1. 目的

为了规范实训教学，提供良好的实训环境，使实训教学安全、高效、有序地进行，特制定本规则。

2. 规则

（1）学生要履行道德准则和行为规范，做到遵纪守法、诚实守信、文明礼貌、热爱劳动。

（2）实训时，着装要整齐，摘掉戒指、手表、项链等物品，长发应盘起固定于脑后。

（3）学生要做到上课不迟到、不早退；有事要请假。

（4）学生要认真学习知识，掌握操作工艺和安全规程。

（5）学生要有集体意识和团队合作精神，听从教师指导，服从工位分配。

（6）学生要有安全意识和质量意识，严格遵守操作规范，发扬工匠精神，保质保量按时完成实训任务。

（7）学生要有环保意识，要爱护仪器设备和公共设施，要节约材料，时刻保持实训场地整洁美观。

（8）学生在实训中，要有自我管理能力和职业规划的意识，要互教互学、取长补短。

（9）学生应严格执行管理规范，下课前整理仪器设备、清理卫生、切断电源、关好门窗，经教师同意后，方可离开实训场地。

二、实训注意事项

（1）当使用专用实训设备进行实训时，必须严格按照设备操作流程进行实训。

①进行实训前，首先勘察实训场地，是否有漏电、火灾、摔倒、中毒等风险。

②在操作实训设备前，首先检查设备是否损伤，设备线路是否连接完好。

③实训设备开机后，需等设备运转平稳，然后操作设备。

④操作设备时，应正确使用工具，严禁暴力拆装，胡乱跨接测量。

⑤实训过程中，要团队协作，制订计划，明确分工。

⑥使用万用表测量时，必须选对测量挡位及量程，以免影响测量结果或损坏万用表。

⑦使用示波器测量时，必须选对参数，测量数据时，示波器探头的接地线需与电路接地点连接牢靠。

⑧使用诊断仪诊断故障时，确保诊断线路连接可靠，车辆电源开关处于 ON 挡状态。

三、故障检测流程

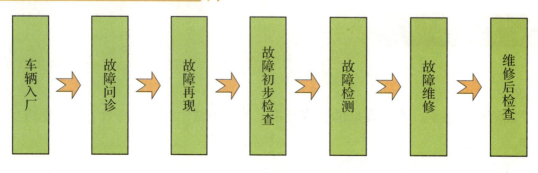

车辆入厂 ➡ 故障问诊 ➡ 故障再现 ➡ 故障初步检查 ➡ 故障检测 ➡ 故障维修 ➡ 维修后检查

四、扭矩转角传感器电路故障诊断

本书中"扭矩转角传感器电路故障诊断任务"以"混合动力汽车电动助力转向实训教学系统"（图5-8）为载体，开展对混合动力汽车电动助力转向系统的实训。完成电动助力转向系统结构原理认知、检查维护与故障检测等理实一体化教学。

扭矩转角传感器电路故障诊断

1. 任务准备

◇ 操作设备：混合动力汽车电动助力转向实训教学系统。

◇ 工具/材料：绝缘服、绝缘手套、绝缘鞋、护目镜、万用表、跨接线、诊断仪、示波器。

◇ 人员分工：组长1名、记录人员2名、检验员2名、操作人员若干，以上角色可通过选举、抽签或老师指定等方式担任，通过多个任务的训练，争取让每个学生轮流担任不同角色，以提升学生的综合素质。

◇ 实训场地：混合动力汽车实训实验室。

2. 任务实施

在实训时，要有安全意识、质量意识、环保意识。实训过程中，要勇于创新，发扬精益求精的工匠精神。

（1）老师要组织研讨会，探讨实训台架高压的危害及实训台架安全操作的方法。

（2）实训任务前，需连接混合动力汽车6个实训台架。

注意：台架组装期间，严禁操作人员之外的人员接近台架。

①操作人员穿戴绝缘服、绝缘手套、绝缘鞋、护目镜等绝缘套装。

②确认6合1混合动力汽车实训台架的辅助蓄电池负极端子断开。

③操作人员连接6个混合动力实训台架之间的连接线路。

④确认台架之间的线路连接正确，并连接辅助蓄电池负极端子。

⑤操作人员操作实训台架的电源开关，确定混合动力汽车实训台架工作正常。

（3）给实训中不需要操作的实训台架周围设置防护栏。

故障检测前防护
个人防护：维修人员穿好工装、戴好手套

故障检测

第一步：故障再现

（1）踩下制动踏板，按下电源开关，起动混合动力汽车实训台。仪表中的转向系统故障警告灯点亮，仪表显示文字"请检查转向系统"	（2）转动转向盘，转向无助力。故障确认完毕，关闭电源开关

第二步：故障初步检查

（1）连接诊断仪，按下电源开关，使实训台进入 ON 挡状态	（2）使用诊断仪检测故障码。发现故障码：C1B8704，扭矩传感器故障
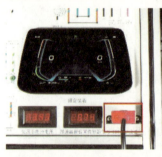	

（3）引发故障的可能原因有：①扭矩转角传感器故障。②扭矩转角传感器线路故障。③转向 ECU 故障

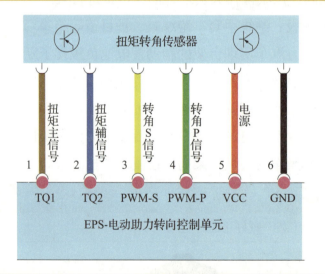

第三步：故障检测

（1）根据故障的可能原因，首先测量扭矩转角传感器的电源和接地	（2）测量扭矩转角传感器的电源电压。将万用表打到电压挡，红表笔连接扭矩转角传感器 5 号针脚，黑表笔连接接地点，正常电压应为 5 V 左右

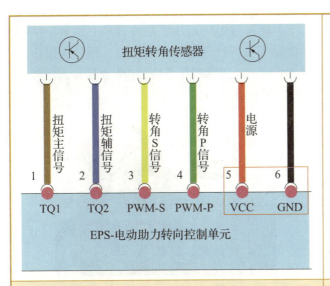

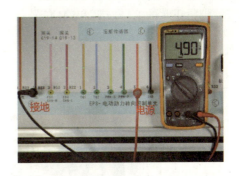

（3）测量扭矩转角传感器的接地。将万用表打到电阻挡，红表笔连接扭矩转角传感器6号针脚，黑表笔连接接地点，正常电阻应<1 Ω

（4）如果扭矩转角传感器的电源和接地正常，需要测量传感器的信号波形

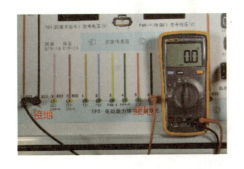

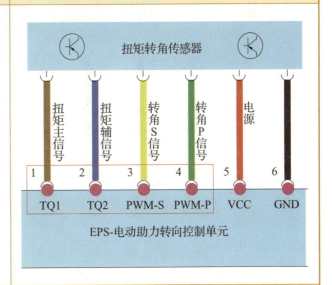

（5）测量扭矩转角传感器的扭矩主信号。打开示波器，正确调整示波器的参数。使用示波器探头的接地夹连接接地点，探针连接传感器1号针脚，正常的信号应为PWM信号，信号脉宽应随转向盘的转动变化

（6）测量扭矩转角传感器的扭矩辅信号。使用示波器探头的接地夹连接接地点，探针连接传感器2号针脚，正常的信号应为PWM信号，信号脉宽应随转向盘的转动变化

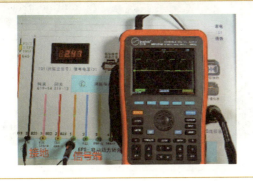

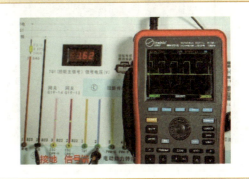

（7）测量扭矩转角传感器的转角 S 信号。使用示波器探头的接地夹连接接地点，探针连接传感器 3 号针脚，正常的信号应为 PWM 信号

（8）测量扭矩转角传感器的转角 P 信号。使用示波器探头的接地夹连接接地点，探针连接传感器 4 号针脚，正常的信号应为 PWM 信号，信号脉宽应随转向盘的转动变化

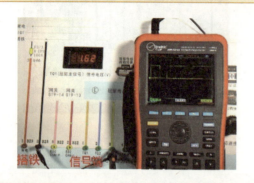

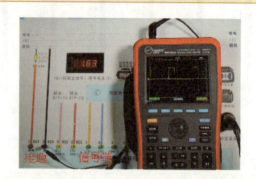

（9）如果以上测量正常，更换转向 ECU

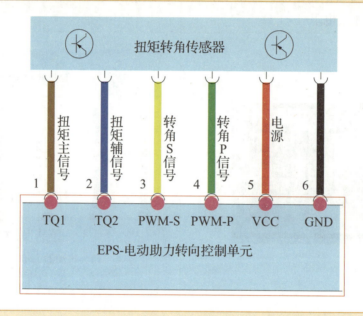

（10）经示波器测得，扭矩转角传感器扭矩主信号的波形异常，剥开扭矩传感器线束，发现扭矩转角传感器 1 号针脚线路存在断路故障

第四步：故障维修
维修故障线束，更换相关配件

第五步：维修后检查

（1）起动实训台，检查仪表中的转向助力警告灯是否熄灭	（2）转动转向盘，检查电动助力转向系统是否恢复正常状态

（3）使用诊断仪再次进行诊断，确定故障排除

3. **任务评价**

　　完成实训任务后，对任务完成情况进行评价。

参考文献

［1］何洪文. 混合动力电动汽车整车设计［M］. 北京：机械工业出版社，2019.

［2］何宇漾. 混合动力汽车结构原理与故障诊断［M］. 北京：人民邮电出版社，2022.

［3］张金柱. 混合动力汽车结构、原理与维修［M］. 北京：化学工业出版社，2020.

［4］毛彩云，柯松，周锡恩. 混合动力电动汽车使用与维护［M］. 北京：北京理工大学出版社，2021.

［5］赵振宁. 混合动力汽车构造、原理与检修［M］. 北京：北京理工大学出版社，2015.

［6］崔胜民. 新能源汽车概论［M］. 北京：人民邮电出版社，2019.

［7］康拉德·莱夫. BOSCH 传统动力传动系统和混合动力驱动系统［M］. 北京永利信息技术有限公司，译. 北京：北京理工大学出版社，2015.

［8］中国汽车工程协会. 节能与新能源技术路线图 2.0［M］. 北京：机械工业出版社，2020.

［9］人力资源社会保障部教材办公室，许继勇. 新能源汽车空调检测与维修［M］. 北京：中国劳动社会保障出版社，2020.

［10］李晓娜，刘春晖，张文志. 汽车空调系统原理与检修［M］. 北京：机械工业出版社，2019.

［11］李东兵，杨连福. 智能网联汽车底盘线控系统装调与检修［M］. 北京：机械工业出版社，2021.

［12］罗少文. 我国新能源汽车产业发展战略研究［D］. 复旦大学，2018.

［13］张纯，曾庆玺，朱浩. 混合动力汽车发展综述［J］. 机械工程与自动化，2016.

［14］GB/T 19596—2017，电动汽车术语［S］.

［15］QC/T 720—2004，汽车空调术语［S］.

［16］GB/T 35360—2017，汽车转向系统术语和定义［S］.